어떻게 팔지 답답할 때 읽는 마케팅 책

The Choice Factory:
How 25 Behavioural biases influence the products we decide to buy
by Richard Shotton
Originally Published by Harriman House Ltd., Hampshire in the UK
www.harriman-house.com

Korean Translation Copyright ⓒ 2019 by The Business Books and Co., Ltd.
This Korean edition is published by arrangement with Harriman House, Hamphsire through
BC Agency, Seoul

어떻게 팔지 답답할 때 읽는

# 마케팅 책

25 behavioural biases that influence what we buy

## 현장에서 바로 써먹을 수 있는 마케팅의 기술 25

리처드 쇼튼 지음 | 이진원 옮김

비즈니스북스

**어떻게 팔지 답답할 때 읽는 마케팅 책**

1판 1쇄 발행  2019년 1월 18일
1판 9쇄 발행  2024년 7월 29일

**지은이** | 리처드 쇼튼
**옮긴이** | 이진원
**발행인** | 홍영태
**편집인** | 김미란
**발행처** | (주)비즈니스북스
**등  록** | 제2000-000225호(2000년 2월 28일)
**주  소** | 03991 서울시 마포구 월드컵북로6길 3 이노베이스빌딩 7층
**전  화** | (02)338-9449
**팩  스** | (02)338-6543
**대표메일** | bb@businessbooks.co.kr
**홈페이지** | http://www.businessbooks.co.kr
**블로그** | http://blog.naver.com/biz_books
**페이스북** | thebizbooks
**ISBN** 979-11-6254-057-2  03320

비즈니스북스는 독자 여러분의 소중한 아이디어와 원고 투고를 기다리고 있습니다.
원고가 있으신 분은 ms1@businessbooks.co.kr로 간단한 개요와 취지, 연락처 등을 보내 주세요.

# 사람들이 원하게 만들어라!

이 책은 행동과학 연구 결과를 광고에 적용하는 방법을 개괄적으로 다루고 있다. 의사결정을 연구하는 행동과학은 광고주에게 중요한 주제다. 사람들이 특정 제품을 구매하는 이유를 명쾌하게 설명해주기 때문이다.

행동과학은 사람들이 매일 내려야 하는 엄청난 양의 결정 때문에 받는 부담감을 잘 알고 있다. 사람들에겐 각각의 결정을 힘들여 논리적으로 따져볼 시간이나 에너지가 없다. 그래서 좀 더 신속하게 결정을 내릴 수 있는 지름길에 의존한다. 이 지름길은 더 빠른 의사결정을 가능하게 해주지만, 그러다 '편향'bias에 빠지기도 한다. 편향이 이 책의 주제이다.

광고주가 이런 편향을 의식하고, 그에 맞춰 제품과 메시지를 조정하면 편향을 유리하게 이용할 수 있다. 인간 본성에 비생산적으로 맞서

기보다는 그것을 잘 이용하는 것이다. 애플과 폭스바겐을 비롯해서 성공한 다수의 브랜드가 행동과학을 이용하고 있으나 그런 브랜드는 소수에 불과하다. 경쟁사보다 먼저 행동과학을 이용하면 경쟁우위를 점할 기회를 얻을 수 있다.

행동과학은 놀랄 만큼 광범위하고도 지속적으로 증가하는 다양한 범주의 편향을 찾아냈다. 이는 당신이 어떤 커뮤니케이션 문제를 겪던 간에 항상 해결을 위한 유용하고 적절한 편향이 존재한다는 뜻이다.

이 책이 행동과학이 찾아낸 편향을 모두 다루지는 않는다. 나는 소비자의 구매 심리에 가장 많은 영향을 미치는 25개의 편향을 선별해 집중적으로 연구해왔다. 어떻게 매출을 높일지, 회사 브랜드 이미지를 개선시킬지 고민에 빠진 조직에게는 이 책에서 다루는 모든 편향이 큰 도움이 되리라고 믿는다.


## 누가 이 책을 읽어야 하는가

이 책은 광고 업무를 전문적으로 다루는 광고대행사든, 자사의 이미지를 좋게 전달해야 하는 브랜드 매니저든, 매출을 올려야 하는 마케팅 종사자든 상관없이 소비자들의 구매를 유도하고 매출을 높이기 위해 고민하는 모든 이들을 위해 썼다. 행동과학을 업무에 적용하는 방법에 대한 실질적인 조언을 제공해줄 것이다.

# 이 책의 구성

책은 총 25개의 키워드로 구성되어 있으며, 각 키워드마다 특정 편향을 다루고 있다. 순서대로 읽어도 무방하지만 원한다면 자신과 가장 관련이 있다고 판단되는 키워드만 골라서 선별적으로 읽어도 괜찮다.

책에서 우리는 한 사람의 일상을 추적해가며, 그가 하루 종일 내리는 결정들을 살펴볼 것이다. 각 키워드는 한 가지 결정을 소개하는 짧은 사건으로 시작한다. 결정 범위는 술집에서 주문하고 싶은 맥주를 고르는 자잘한 결정부터, 취업 면접 때 채용할 직원을 선택하는 중요한 결정에 이르기까지 다양하다. 우리가 일상을 추적한 사람에 대해 당신도 흥미를 느낄 것이다. 바로 그 사람이 당신일 수 있기 때문이다.

나는 당신이 한 가지 특정한 편향에 의지해 결정을 내리는 이유를 설명하겠다. 또한 그런 편향에 대한 학술적 증거는 물론 일상에서 쉽게 찾아볼 수 있는 증거를 제시하겠다. 이 증거는 사람들의 구매나 선택, 생각에 영향을 미치는 수많은 이론보다 훨씬 더 강력하다. 또한 세계 일류 과학자들이 실행하고, 동료들이 검증한 실험 결과에 바탕을 두고 있다. 대니얼 카너먼Daniel Kahneman과 허버트 사이먼Herbert Simon 등 노벨상을 수상한 학자들뿐만 아니라 엘리엇 애런슨Elliot Aronson과 레온 페스팅거Leon Festinger처럼 존경받는 사회심리학자들이 그들이다.

증거를 논할 때 나는 뉘앙스, 즉 미묘한 차이를 뽑아낼 것이다. 이런 차이는 잘 알려져 있지 않아서 특히 더 흥미롭다. 즉, 차이를 잘 활용하면 경쟁사보다 유리한 위치에 설 수 있다.

기존 증거를 철저히 따져본 후 내가 직접 현장에서 해본 실험을 설명하겠다. 이 실험은 이론과 실행 사이의 틈새를 메워주기 때문에 더욱 중요하다. 내 실험들은 오늘날 행동과학이 적절하며, 그것이 비영리적인 상황만큼 영리적인 상황에도 적용된다는 걸 입증해준다.

무엇보다 당신이 이렇게 얻은 지식을 통해 무엇을 해야 하는지를 집중적으로 다루겠다. 관련 설명이 본문에서 많은 비중을 차지한다. 나는 당신이 어떤 메시지를 보낼지, 누구를 공략할지, 아니면 공략 시기를 언제로 정할지 상관없이 행동과학을 마케팅에 적용할 수 있는 방법을 알려주겠다. 행동과학 연구 결과를 적용하기가 그 어느 때보다 쉬워졌다. 디지털 광고가 늘어나면서 더 저렴하고 빠르게 새로운 전략을 테스트하고 그것의 성공을 추적하기가 쉬워졌기 때문이다.

이 책이 행동과학에 대한 흥미를 높여주길 바란다. 만약 그렇게 된다면 당신은 책 맨 뒤에 인용한 모든 연구 참고자료를 찾아볼 것이다. 행동과학이 어느 때보다 확장되고 있는 분야라는 점을 감안해서, 내가 발견한 흥미롭고 새로운 모든 연구 결과를 트위터(@rshotton)에 공개하고 있다. 참고하기를 바란다.

# 목차 —————————————————

## 1. 귀인 오류

### 타깃이 처한 맥락을 제대로 이해해야 하는 이유 ———————•

사람들은 맥락을 끊임없이 과소평가하지만 상황이 주는 힘은 매우 강력하다. 따라서 광고 타깃이 처한 맥락을 제대로 이해하기 위해서는 조금씩 자주 조사하며, 모든 맥락을 이해한다고 착각하는 실수를 경계해야 한다.

## 2. 사회적 증거

### 왜 사람들은 대중적 브랜드에 지갑을 열까 ————————————•

주변의 다수가 하는 행동을 누구나 쉽게 따라하듯이 금주에 가장 잘 팔린 맥주가 더 많이 팔리고, 베스트상품 별딱지가 붙으면 판매가 더 잘된다. 하지만 소비자는 말해주지 않으면 모른다. 인기를 더 큰소리로 말하고 맞춤형 주장을 펼쳐야 한다.

## 3. 부정적인 사회적 증거

### 편향이 역효과를 낼 때 ———————————————————————•

사회적 증거가 오히려 반대의 효과를 낼 때도 있다. 범죄를 막기 위해 만든 문구가 범죄를 더욱 조장하기도 하고, 광고를 해서 오히려 역효과를 얻은 브랜드도 있다. 이를 예방하기 위해서는 통계를 거꾸로 뒤집어야 하고, 서술형이 아닌 명령형 규범에 대해 말해야 한다.

## 4. 독특함

### 세상이 지그로 움직일 때 재그로 움직여라 ————————————•

사람들은 차이가 분명한 사물을 일반적인 사물보다 더 잘 기억한다. 이는 광고에서도 매우 유효하게 작용하는데 이 효과를 이용하기 위해서는 카테고리 규범을 뒤집고, 자신의 영역 밖으로 뛰쳐나가 새로운 영감을 얻어야 한다.

종이 접시보다 도자기 접시에 담긴 케이크가 더 맛있어 보이고, 종이컵보다 유리잔에 담긴 맥주가 더 풍미가 좋은 이유다. 제품 자체보다 눈에 보이는 프레젠테이션이 중요하다는 점을 잊지 마라. 좋은 광고 문구역시 소비자들의 기대를 한껏 끌어올린다.

브랜드를 거부하는 사람들을 브랜드 편으로 만들기 위해 설득하기는 어렵다. 따라서 브랜드 거부자는 피하고 광고를 하면 살 사람을 찾아내야 한다. 거부자에게 말을 거는 최적의 타이밍을 찾아낸다면 거부자의 관심을 끌어낼 수도 있다.

운전자의 88퍼센트가 평균 이상으로 운전을 잘한다고 믿고, 다수의 직장인들은 자신이 평균 이상으로 뛰어난 성과를 올린다고 생각한다. 이러한 소비자들의 과잉확신을 유리하게 활용해 기부금을 더 많이 걷을 수도 있다는 점을 잊지 마라.

광고 대행사들은 사실이 아닌 사실이길 원하는 광고 이론을 홍보한다. 짐 스텐겔의 브랜드 이상이 바로 여기에 속한다. 문을 여는 만능열쇠를 주장하는 사람을 의심하라. 광범위한 현실 속에서 어떻게 단 한 가지 성공 전략만 있을 수 있겠는가!

똑같은 광고라도 권위 있는 신문에 싣는 경우와 타블로이드지에 싣는 경우 평가가 달라진다. 단순히 광고 타깃만을 고려해서는 안된다. 또한 광고 효과가 상당 부분 낭비 인식으로부터 나온다는 사실을 인정해야 한다.

광고주의 기대와 달리 소비자들은 광고에 단 1초도 집중하지 않는다. 소비자가 어떤 상황인지, 어떤 마음인지 모르고 자기가 하고 싶은 말만 하면 결국 외면당한다. 소비자가 극대화자인지, 만족자인지를 제대로 이해하고 그들의 입장에서 바라보라.

## 23. 다양성
### 언제, 어디서나, 영원히 효과적인 방법은 없다 ─────────────── • 232

사회적 증거 메시지가 효과적이다가도 어떤 집단에서는 역효과를 내기도 한다. 따라서 세분화해서 맞춤 전략을 펼쳐야 한다. 완벽한 성공이 없다는 점을 인지하고 한 번의 성공에 안주하지 마라. 또한 광고 타깃 별로 맞춤형 광고 문구를 써라.

## 24. 칵테일파티 효과
### 개인 맞춤형 광고가 갖는 힘 ───────────────────────── • 240

매체 환경은 붐비는 술집과도 같다. 타깃의 집중을 이끌기 위해서는 개개인에 맞춘 광고가 필요하다. 하지 만 선을 넘게 되면 소비자는 오히려 불안감을 느낀다. 소비자와 브랜드 간의 신뢰를 더욱 공고히 하고, 효 과적으로 다가가라.

## 25. 희소성
### 부족할수록 더 많이 원한다 ───────────────────────── • 251

사람들은 공급이 부족한 제품에 더 끌린다. 따라서 소비자가 구입할 수 있는 제품의 수를 제한하고, 제품 을 구매할 수 있는 시간이 제한적이라는 점을 강조하라. 많은 사람이 원하기 때문에 공급이 부족하다는 점 까지 강조하면 금상첨화.

# 마케팅을 개선하는
# 적절하면서도 효과적인 방법

옥스퍼드 거리를 따라 굼벵이처럼 기어가는 답답한 검은색 택시 안은 '갑작스런 깨달음'을 느끼기에는 부적합한 장소이다. 그렇지만 2005년 가마솥더위가 한창이던 어느 날, 나는 택시 안에서 광고업계에 대한 내 사고방식에 일대 전환을 일으킨 이야기를 읽었다.

키티 제노비스Kitty Genovese 사건에 대한 이야기였다. 그녀가 칼에 찔려 숨진 사건과 그 사건을 계기로 실시된 여러 가지 심리 실험은 내게 행동과학이 광고업계를 흔들어놓을 수 있다는 확신을 주었다.

키티 제노비스 사건은 끔찍했다. 1964년 3월 13일 새벽 3시 20분, 그녀는 차에서 내려 뉴욕 키 가든에 있는 자신의 아파트 입구까지 약 300미터를 걷기 시작했다. 그런데 불행하게도 연쇄 살인범이 가로수 길을 걷고 있던 그녀를 발견했다. 윈스턴 모즐리Winston Moseley는 자식 둘을 둔 29세의 남자였다. 그는 아파트 입구 몇 미터 전까지 몰래 따라가 그녀의 등에 칼을 꽂았다.

　뉴요커들이 이 살인 사건 하나만으로 충격에 빠진 건 아니었다. 사실 그해에 뉴욕에서만 총 636명의 살인 피해자가 발생했다. 뉴욕시를 크게 뒤흔든 건 모즐리가 제노비스를 찌른 뒤 몇 분 동안 일어난 사건이었다.《뉴욕타임스》는 당시 사건을 전면에 다루면서 이렇게 보도했다.

　준법정신이 투철한 38명의 퀸즈 시민이 살인자가 키 가든에서 한 여성을 세 차례에 걸쳐 칼로 찌르는 장면을 30분 이상 지켜봤다. 살인자는 목격자들의 목소리와 그들의 침실에서 갑자기 켜진 조명 불빛 때문에 두 차례나 살해 행위를 멈추고 놀라서 도망갔다. 하지만 그때마다 되돌아와서 그녀를 찾아낸 후 다시 칼로 찔렀다. 그가 공격하는 동안 단 한 사람도 경찰에 신고하지 않았다. 여성이 숨진 뒤에야 한 목격자가 신고했다.

　목격자들의 무관심은 뉴욕시를 분개하게 만들었다. 왜 누구도 끼어들지 않았던 것일까?

　나중에 기사 세부 내용 중 많은 부분에 대해 진위 논란이 일었지만, 기사는 심리학자인 빕 라타네Bibb Latane 와 존 달리John Darley의 관심을 끌었다. 두 사람은 기자들이 문제를 잘못 해석한 건 아닌지 의심했다. 즉, 다수의 목격자가 있었지만 한 사람도 개입하지 않았던 게 아니라 목격자가 다수였기 때문에 누구도 개입하지 않았던 건 아닐까?

두 사람은 이후 몇 년 동안 가설의 검증에 나섰다. 24번째 편향을 설명하는 자리에서 그들의 연구 결과를 보다 자세하게 살펴보겠다. 다만 여기서는 도움을 요청받는 사람이 많을수록 누구도 개입하려고 하지 않을 가능성이 높다는 사실을 입증했다고만 말해두겠다. 그들은 이런 책임 분산 현상을 '방관자 효과'bystander effect라고 불렀다. 이 용어는 가끔 '제노비스 신드롬'Genovese Syndrome이라고 불리기도 한다.


## 부분적으로 적용하라

택시 안에서 나는 이 연구 결과가 내가 해결을 위해 고민하고 있던 문제와 관련이 있다는 사실을 깨달았다. 당시 나는 광고대행사에 소속돼 광고를 실을 매체를 선정하고 광고 계획을 세우는 매체 계획자로 일하고 있었는데, 고객 중 하나가 영국 국민보건서비스NHS, National Health Service였다. 그들은 '헌혈' 운동을 펼치고 있었다. NHS는 정기적으로 전국적인 혈액 재고 부족을 호소해왔다. 하지만 이런 운동만으로 원하는 만큼 충분한 헌혈을 유도하지 못했다. 앞에 나온 두 심리학자의 생각이 옳다면 NHS의 광범위한 헌혈 호소가 '방관자 효과'로 인해 만족할 만한 결과를 내지 못하고 있었다.

특정 대상을 겨냥한 호소가 더 효과적이지 않을까? 다행히도 광고 업무를 맡은 NHS의 마케팅팀은 이 제안에 귀를 기울였다. 찰리 스노우 <sub>Charlie Snow</sub>가 이끌던 팀은 지역 맞춤형 디지털 광고의 만족할 만한 결과를 테스트해보기로 합의했다. "영국 전역에 걸쳐 혈액 재고가 적으니 도와주세요."라는 광고 문구를 "베이즐던(혹은 브렌트우드나 버밍엄)에 혈액 재고가 적으니 도와주세요."라는 식으로 수정했다.

그로부터 2주 뒤, 놀라운 결과가 나왔다. 1건의 헌혈을 유도하는 데 드는 비용이 10퍼센트 개선됐다. 40년이나 된 편향을 적용해보니 현대 광고의 효과가 개선된 것이다.

이 경험은 내게 중대한 깨달음을 주었다. 6년 전에 나는 옥스퍼드 대학에서 연구를 마친 뒤, 대학 연구는 콧대 센 상업용 광고업계와 맞지 않는다고 결론을 내리며 지금껏 무시해왔다. 하지만 내 생각이 틀렸다. 소비자의 결정 변화를 목표로 하는 광고에는 의사결정의 근원에 대한 연구가 필수라는 것을 깨달았다.

로리 서더랜드 <sub>Rory Sutherland</sub> 오길비 앤 매더 그룹 <sub>Ogilvy & Mather Group</sub> 부회장은 "이 주제는 인간성의 이해와 돈벌이 방법의 터득 사이에 탄탄한 지적 연결고리를 제공해준다."고 말했다.

당신은 생리학 지식이 없는 의사나 물리학에 무지한 엔지니어를 믿지 못할 것이다. 마찬가지로 지난 10여 년 동안 쌓아온 내 경험상 행동과학에 대해 전혀 모르는 광고주와 일하는 건 무모하다.

그 시간 동안 내가 찾아낸 가장 중요한 발견 중 하나는 현장에서 다양한 편향이 다뤄지고 있다는 것이다. 행동과학을 뒷받침해줄 단 하나의 원대한 이론 같은 건 없다. 그보다는 광범위한 편향의 집합이 존재한다.

여기에는 두 가지 이점이 있다. 첫째, 당신이 어떤 업무와 씨름하건 이용할 수 있는 적절한 편향이 존재할 가능성이 크다. 둘째, 가까이 있는 해결책을 내버려두고 엉뚱한 행동을 할 위험을 피하게 해준다.


## 적절하면서도 강인하다


행동과학은 마케팅과 관련된 수많은 수수께끼를 풀어준다. 하지만 이런 적절성보다 더 중요한 건 찾아낸 연구 결과가 가지고 있는 탄탄함이다. 이 분야는 대니얼 카너먼, 허버트 사이먼, 로버트 쉴러Robert Shiller 같은 노벨상 수상자 등 현시대에 가장 명망 있는 과학자들의 실험을 토대로 하고 있다.

이런 증거에 기반한 토대는 일화나 전통을 중시하는 다수의 마케팅 이론과 대비된다. 바이런 샤프Byron Sharp 사우스오스트레일리아 대학 마케팅과학과 교수는 마케터들이 검증되지 않은 전제에 의존하는 태도를 신랄하게 비판해왔다. 그는 이런 상황을 실험해보길 기피했던 중세의 방혈防血을 시행한 사람들과 비교했다. 방혈 요법이란 피를 뽑아 병을 치료하는 걸 말한다.

마케팅에 관한 연구는 아직 초창기라서 우리가 그것을 전부 알고 있다거나, 심지어 우리가 이미 기본적 사항을 제대로 파악하고 있다고 믿는 건 오만이다. 의료행위에 비유해보자. 수세기 동안 이 고귀한 직업은 사회에서 가장 똑똑한 인재를 매료시켰다. 그들은 보통 다른 전문가들보다 훨씬 더 높은 수준의 교육을 받았다. 하지만 지난 2500년 동안 이 전문가들은 열정적이고 보편적으로 방혈(일반적으로 무용지물이며 종종 치명적인 치료법이다.)을 가르치고 시행했다. 최근에야, 즉 지금으로부터 80년 전이 되어서야 비로소 의료 전문가들은 정반대로 행동하기 시작했고, 오늘날 방혈이 아닌 수혈輸血이 매일 수많은 사람들의 목숨을 살리고 있다. 마케팅 매니저들은 때때로 중세시대 의사처럼 행동한다. 즉, 일회성 경험, 인상, 신화에 기초한 설명에 따라 일한다.

행동과학이 실험을 기초로 하고 있는 이상, 신념만으로 이 실험 결과를 수용할 필요는 없다. 각 편향을 테스트하기 위해 사용된 방법들은 공개적으로 구할 수 있으며, 당신 브랜드에도 효과가 있는자 확인하기 위해 재검증해볼 수도 있다.

나는 브랜드가 기존 편향을 가장 잘 이용할 수 있는 방법을 찾아내기 위해 지난 12년 동안 편향을 테스트해왔다. 이 책을 통해 테스트 결과를 알려주고자 한다.

# 경쟁 우위를 누리는 방법

행동과학이 가진 적절성과 강인성에도 불구하고 그 연구 결과는 마케팅 분야에서 엉뚱하게 적용되고 있다.

플라시보 효과<sub>placebo effect</sub>를 생각해보자. 플라시보 효과란 약효가 없는 가짜 약을 복용해도 환자의 심리 작용에 의해 실제로 치료 효과가 나타나는 걸 말한다. 플라시보 효과의 가장 흥미로운 점 중 하나는 약의 가격, 크기, 맛, 심지어 색깔처럼 우연히 정해지는 것 같은 세부 요인들이 효과의 크기를 극적으로 높일 수 있다는 것이다.

안톤 데 크린<sub>Anton de Craen</sub> 암스테르담 대학 임상역학과 전문의는 12건의 연구를 체계적으로 분석한 결과, 빨간색 진통제가 푸른색 진통제보다 일관되게 훨씬 더 강력한 효과를 낸다는 사실을 알아냈다. 두 색상의 문화적 의미 때문에 생긴 일이다. 빨간색은 힘과 권위를 암시하지만, 푸른색은 하늘과 바다처럼 심리적 안정감을 주는 이미지를 연상시킨다. 진통제의 경우 안정감보다는 강력함이 더 중요하다.

진통제는 고가 시장이다. 시장 조사 기업인 유로모니터<sub>Euromonitor</sub>에 따르면 2016년에 영국에서 진통제 구입에 쓴 돈은 총 6억 1,400만 파운드였다. 하지만 많은 진통제가 플라시보 효과를 100퍼센트 유리하게 이용하는 데 실패한다. 헬스뷰티 매장 부츠<sub>Boots</sub>를 방문해서 산 7통의 진통제 중 고작 1통만 포장지가 빨간색이었다. 이 얼마나 낭비란 말인가! 디자인을 조금만 바꿔도 판매 성과 개선이 가능한데도 그런 기회를 무시하는 브랜드는 왜 그렇게 많은 것일까?

행동과학이 찾아낸 결과가 간혹 무시되는 이유 중 하나는 광고주 (CEO 또는 의사결정권자)가 종종 소비자에게 구매 동기를 직접 물어보기 때문이다. 충분히 논리적인 방법처럼 보인다. 이것은 소비자의 언행이 일치할 거라는 전제를 기초로 한다. 하지만 불행하게도, 이 책을 통해 살펴보겠지만 그렇지 않은 경우가 종종 있다. 조너선 하이트 Jonathan Haidt 뉴욕 대학 심리학과 교수는 "의식적인 뇌가 실제로는 기자회견실을 대통령 집무실이라고 생각하기 때문이다."라고 지적했다.

여러 사람과 동시에 부탁을 받았을 경우 낯선 사람을 도와줄 가능성이 낮다거나, 다른 색깔의 알약을 복용하면 두통이 더 빨리 사라질 거라고 생각하는 소비자는 극소수다. 하지만 소비자의 실제 행동 패턴을 관찰한 결과를 보면, 우리는 분명 그런 '미묘한 차이'에 영향을 받는다.

행동과학을 무시한다는 게 나쁜 소식이긴 하지만 반대로 당신에겐 오히려 좋은 소식일 수 있다. 행동과학 연구 결과를 적절히 응용함으로써 경쟁 우위를 누릴 수 있기 때문이다. 이제부터 관련된 몇 가지 교훈들을 살펴보지.

# 1.
# 귀인 오류

타깃이 처한 맥락을 제대로 이해해야 하는 이유

66

어느 날 당신은 회사를 나와 자동차를 향해 터덜터덜 걸어가고 있었다. 노외 주차 공간이 부족해서 수백 미터 떨어진 곳에 주차해뒀기 때문이다. 그런데 차를 타러 가던 도중 어떤 건물 입구 앞에 쓰러져 있는 노숙자를 봤다.

퇴근하던 직장인들은 가던 길을 멈춰 그를 돕지 않고 그냥 지나쳐 간다. 세로줄 무늬 정장을 차려입은 한 남성이 발걸음을 재촉하면서 노숙자를 쳐다보지도 않은 채 그냥 가버린다. 이러한 광경에 당신은 '하느님 맙소사! 요즘 사람들은 정말 이기적이야'라고 생각한다.

불쌍한 마음에 노숙자에게 줄 잔돈이 있는지 주머니를 뒤져보는데, 5파운드짜리 지폐밖에 없다. 그러자 당신은 발걸음을 재촉하면서 노숙자 쪽으로는 고개조차 돌리지 않는다.

99

세로줄 무늬 정장을 차려입은 남성이 이기적이라는 당신의 생각은 '귀인 오류'fundamental attribution error의 전형적 사례에 해당한다. '귀인 오류'는 행동을 설명할 때 인성의 중요성은 과대평가하면서 맥락의 중요성은 과소평가하는 경향이다. 당신은 남성의 행동을 기분이나 바쁜 정도, 사고방식 같은 일시적 요소보다는 인성을 기준으로 판단했다.

이런 식의 잘못은 광범위하게 퍼져 있으며, 우리가 광고 타깃에 대해 고민할 때 중요한 영향을 미친다.

# 귀인 오류를 입증한 고전적 실험

1973년에 존 달리John Darley와 다니엘 벳슨Daniel Batson 프린스턴 대학 심리학과 교수들은 〈예루살렘에서 예리코까지〉From Jerusalem to Jericho라는 제목의 획기적인 논문을 발표했다. 두 저자는 우연처럼 보이는 맥락 요인contextual factor이 어떻게 행동에 중요하지만 덜 인정받는지 입증해 보였다.

그들은 가톨릭 수습 사제 40명에게 입교入敎 동기를 묻는 질문지 작성을 부탁했다. 조사 결과는 사제들이 타인을 돕는 것과 자신의 구원 중 무엇을 더 중시하는지 알려줬다.

조사가 끝나자 저자들은 사제들에게 특정 주제에 관해 5분 동안 나눈 대화 내용을 기록해달라고 부탁했다. 그리고 지금 있는 방의 공간이 비좁다는 이유로 사제들에게 지도를 한 장 갖고서 다른 동료가 있는 몇 분 거리에 떨어져 있는 건물로 가라고 시켰다.

사제들은 출발하기 직전에 기록을 시작할 때까지 어느 정도 시간이 남아 있는지를 들었다. 사제들 3분의 1은 "늦었습니다. 동료들이 몇 분 전부터 당신을 기다리고 있었습니다. 서두르는 게 좋겠습니다. 동료가 당신을 애타게 기다릴 겁니다."라는 말을 들었다. 시급한 상황이었다.

중간 정도 시급한 상황에 처한 또 다른 3분의 1 사제들은 "동료가 대기 중이니 즉시 갑시다."라는 말을 들었다. 그리고 마지막 남은 바쁜 정도가 가장 낮은 3분의 1 사제들은 "몇 분 뒤 동료가 당신을 맞을 준비를 하겠지만 먼저 그곳으로 가 있어도 좋을 것 같습니다. 그곳에서 기다리더라도 오래 기다리지는 않을 겁니다."라는 말을 들었다.

사제들은 무작위로 따로따로 다른 장소에 배정됐다. 그들이 목적지를 향해 급히 가든지 느긋하게 가든지 두 저자가 세워놓은 역할자를 지나쳤다. 역할자는 곤경에 처한 것처럼 행동했다. 그는 출입문에서 두 눈을 감고 머리를 숙인 채 털썩 주저앉아 있었다. 그리고 사제들이 다가오자 신음하며 기침을 했다.

이것이 실험의 정점이었다. 과연 어떤 사제가 멈춰서 그를 도와주려고 했을까?

## 상황이 주는 강력한 힘

전체 사제 중 40퍼센트가 발걸음을 멈췄다. 주된 판단 요인은 시간의 압박 정도였다. 아주 시급한 상황에선 10퍼센트만이 멈춘 반면, 급함의 정도가 '보통'과 '낮은' 상황에선 각각 45퍼센트와 63퍼센트가 발걸음을 멈췄다.

반면에 인성은 실험에서 미미한 영향만을 미쳤다. 그들이 사제가 되기로 결심한 이유는 그다지 중요하지 않았다. 사람이 아닌 상황이 행동을 결정했다.

50년 가까이 지난 지금까지도 이 연구 결과가 유효할까?

그 후로 많은 게 변했다. 1973년에 1파인트 맥주 가격은 14펜스였다. 당시 영국의 오래된 광고 스타 캐릭터인 스매시 마션스Smash Martians는 인스턴트 으깬 감자를 광고하고 있었고, 월드와이드웹www의 창시자 팀 버너스 리Tim Berners-Lee는 아직 학생이었다.

하지만 이런 차이에도 불구하고 우리의 기본 동기는 그대로다. 전설적인 광고 크리에이터 윌리엄 번벅William Bernbach이 말한 대로다.

인간의 본능은 수백만 년의 시간을 거쳐 발전했다. 그 본능이 바뀌려면 또 다시 수백만 년의 시간이 소요될 것이다. 변화한 인간에 대한 얘기가 유행이다. 의사 전달자는 생존하고, 존경을 받고, 성공하고, 사랑하고, 자신을 돌보려는 강박적 욕구를 갖고 있어 바뀌지 않는 인간에 대해 걱정해야 한다.

하지만 광고 대행사는 소비자가 근본적으로 변화했다는 신화를 아직도 믿고 있다. 왜 그럴까?

진위 여부보다는 그들의 기득권 때문에 그럴 때가 종종 있다.《화성에서 온 마케터, 뉴저지에서 온 소비자》Marketers are from Mars, Consumers are from New Jersey의 저자 밥 호프만Bob Hoffman은 이렇게 말했다.

우리에게 모든 게 바뀌고 있다고 더 열심히 설득할수록(그리고 우리에게 변화를 해석해줄 그들이 필요할수록) 그들은 더 오랫동안 고용

상태를 유지한다. 그들이 과장된 주장과 끔찍한 경고 폭탄을 날리는 이유가 그 때문이다. 그들은 시청자, 청취자, 독자가 늘어날수록 더 많은 관심을 받고 더 짭짤한 수입을 올린다.

하지만 밥이 한 말을 곧이곧대로 믿을 필요는 없다. 나는 이 책을 통해 인간이 갖고 있는 불변의 속성을 입증해 보여주겠다. 이를 위해 수많은 고전 실험을 재현하거나 살을 붙여서 그것들이 오늘날에도 여전히 유효하다는 걸 증명하겠다.

## 끊임없이 맥락을 과소평가하는 사람들

앞에서 나온 달리의 실험은 특별한 상황에서 맥락이 인성보다 더 큰 영향을 미친다는 사실을 입증해줬다. 하지만 달리의 실험 결과는 앞으로 일어날 일에 대한 대부분 사람들의 예측과는 차이가 있다.

동료 로라 매클린Laura Maclean과 나는 433명을 모아 실험을 해봤다. 우리는 한 남자가 출입구 앞에서 쓰러져 도움이 필요한 상황이 생겼다고 상상했을 때, 누가 가던 길을 멈출 거라고 생각하는지 물었다. 서둘러 가고 있던 배려심이 많은 사람과 시간은 많지만 배려심이 그다지 없는 사람 중 누가 그럴까?

결과는 박빙과 거리가 멀었다. 응답자의 81퍼센트는 서둘러 가던 사람이 멈출 가능성이 더 높다고 생각했다. 19퍼센트만이 시간이 많은 사람이 그럴 거라고 예측했다. 달리의 실험과는 거의 반대로 결과가 나왔다.

그렇다면 우리가 행동 유발 요인으로 '맥락'을 과소평가하는 이유는 무엇일까? 맥락을 과소평가해야 우리 자신의 이미지가 좋아지기 때문일지도 모른다. 우리는 우리 자신이 합리성의 전형이라고 믿으면서 흡족해한다. 그 누가 자신이 외부의 힘에 의해 휘둘리고 있다는 사실을 인정하고 싶겠는가?

달리의 실험이 사람들이 맥락의 중요성을 과소평가하고 있음을 보여주는 유일한 실험이라면, 실험 결과의 활용은 신중하게 생각하는 것이 합리적이다. 하지만 달리의 실험 결과는 광범위한 범위의 환경에서 재확인되었다. 그중 가장 유명한 것이 스탠퍼드 대학 사회심리학과 교수 리 로스 Lee Ros가 한 실험이다.

로스는 36명의 학생을 퀴즈에 참여시켰다. 무작위로 학생 절반에겐 질문자의 역할을 맡겼고, 나머지 절반에겐 퀴즈 풀이 참가자 역할을 맡겼다. 질문자는 15분 동안 직접 고른 주제와 관련된 열 가지 까다로운 질문을 생각해내야 했고, 퀴즈를 푸는 참가자는 최대한 정답을 맞춰야 했다. 예상대로 참가자 대부분이 까다롭기 이를 데 없었던 질문에 답을 찾느라 애를 먹었다. 그리고 마지막에는 질문자와 참가자 모두 상대방의 전반적인 지식 수준에 대해 평가해야 했다.

퀴즈 참가자들은 질문자들의 전반적인 지식 수준을 질문자들 자신이 평가한 것보다 훨씬 더 높게 평가했다. 양측 모두 상대방의 능력을 상황의 맥락보다 인성 덕으로 돌리는 실수를 저질렀다.


## 어떻게 현장에 적용할까

### 1. 조금씩 자주 조사하라

로라와 나는 구글 서베이Google Surveys를 이용해 실험을 했다. 국가를 대표하는 집단에게 낸 질문 비용은 1인당 약 7펜스 정도이고, 데이터는 통상 하루 이틀 정도면 구할 수 있다.

이런 기회가 늘어나면 당신 브랜드에도 유익하다. 더 이상 1년에 1회 실시되는 대규모 프로젝트로 마케팅 조사를 제한할 필요가 없다. 대신 마케터들이 갖는 일상적 질문을 풀기 위한 조사에도 이용이 가능해졌다.


### 2. 급하면 산만하다

실험에서 급하게 행동한 학생들은 그다지 도움이 되지 못했다. 프린스턴 교수들은 이런 결과가 생긴 이유를 '인지도의 축소'cognitive map(학습 과정에서 인간이나 동물이 소유하게 되는 문제해결이나 목표달성의 방법에 대한 정신적 표상—옮긴이)에서 찾았다. 이것은 에드워드 톨먼Edward Tolman 캘리포니아 대학 버클리 캠퍼스 심리학과 교수로부터 차용한 문구다.

달리는 이렇게 말했다.

급하게 움직이던 신학생들은 곤경에 처한 역할자를 의식하고 있었다. 실험 후 진행된 인터뷰에서 거의 모두가 그에 대해 언급했고, 돌이켜 생각해보니 그에게 도움이 필요할 수도 있던 것 같다고 말했기 때문이다. 하지만 그들이 역할자 근처에 있었을 때는 이런 식으로 생각하지 않았던 것 같다.

신학생들은 급한 약속에 과도하게 집중한 나머지 다른 정보를 제대로 처리할 수 있는 능력을 밀어냈다.

당신 브랜드를 싫어하는 사람들을 설득할 때처럼 부주의가 이로운 경우가 있다. 두 번째 편향을 다루면서 그런 경우를 살펴보겠다. 하지만 광고주는 대체로 주의를 기울이는 소비자를 우선적으로 상대해야 한다. 실험이 주는 교훈은 간단하다. 사람들이 바쁠 때는 그들에게 메시지를 전달하지 말라는 것이다.

이 원칙은 CBS 아웃도어 CBS Outdoor와 대형 조사 기업인 TNS가 2008년에 실시한 실험에 의해 뒷받침된다. 실험명은 '완전 기억 능력' Total Recall이었는데, 적절한 이름이었다. 두 기관은 길을 가던 사람 290명을 대상으로 인터뷰를 실시했다. 일부는 포스터 광고가 줄지어 붙어 있는 복도를 따라 인터뷰실로 직접 안내됐다. 또 다른 일부는 3분 동안 포스터로 가득 찬 대기실에 기다리고 있다가 같은 복도를 따라 인터뷰실로 안내됐다. 그들은 방 안에 들어가자 방금 전 본 광고를 떠올려보라는 요청을 받았다.

3분 동안 광고에 노출됐던 사람들과 3초 동안 광고에 노출됐던 사람들 사이의 기억력은 극단적으로 달랐다. 광고 노출 시간이 짧았던 사람보다 노출 시간이 길었던 사람이 광고를 기억해낼 가능성이 6배 더 높았고, 광고의 구체적인 내용을 떠올릴 확률은 4배 더 높았다. 아울러 광고 브랜드를 정확히 기억하고 있을 확률은 무려 14배나 더 높았다.

'완전 기억 능력' 실험 데이터는 광고에 노출되는 시간 길이를 토대로 했다. 하지만 뭔가가 보이는 곳에 있다고 해서 그것을 실제로 보는 건 아니다. 광고를 본 시간이 기억력에 미치는 영향은 최근 시선 추적 회사인 루멘 리서치Lumen Research가 정량화했다. 그들은 10만 233회의 인쇄 광고에 대한 인상을 분석한 후, 특정 광고를 본 시간이 1초 미만일 경우 25퍼센트의 사람들만이 그것을 기억한다고 했다. 반면에 광고를 본 시간이 1초와 2초 사이일 경우 그것을 기억하는 사람 비율은 45퍼센트로 올라간다는 걸 보여줬다. 루멘 리서치의 창립자인 마이크 폴렛Mike Follett은 광고주는 사람들이 광고를 최소 1초 이상 볼 수 있게 해야 한다고 주장했다.

이는 맞추기 쉬운 기준처럼 보인다. 하지만 루멘 리서치가 제공한 추가 데이터를 보면 온라인 광고 대부분은 마이크 폴렛이 말한 기준에 못 미치고 있다. 루멘 리서치는 자기 컴퓨터에 시선 추적 소프트웨어 설치를 동의해준 패널 300명을 확보한 뒤, 그들을 통해 사람들이 인터넷을 돌아다니면서 자연스럽게 광고를 보게 되는 시간을 분석했다. 5만 3,962차례의 광고 노출 횟수를 분석해본 결과, 사람들이 노출 광고의 4퍼센트 정도만 1초 이상 봤다는 걸 알 수 있었다.

광고주는 사람들이 온라인 광고를 최소 1초 동안은 볼 거라고 생각해서는 안 된다. 광고주는 장시간 시선을 사로잡는 도메인과 포맷을 찾아야 한다. 예를 들어 주요 사이트별로 사람들이 광고를 보는 평균 시간이 6배 차이가 난다. 루멘 리서치에 따르면 전국 언론사들의 온라인 사이트에 실린 광고를 보는 시간이 특히 더 길다.

사람들이 광고를 보는 시간의 차이가 크다는 것은 광고주가 광고를 내보낼 매체를 선택하는 방법을 재평가해야 한다는 뜻이다. 현재 표준 기준은 1,000회 노출에 드는 비용이다. 하지만 루멘 리서치 자료에 따르면, 광고주는 사람들이 광고에 머무는 시간에 따라 광고비를 지불하는 방법을 고려해봐야 한다.

### 3. 광고 타깃이 처한 맥락에 집중하라

앞의 실험에서 찾아낸 가장 중요한 결과는 사람들의 행동을 결정하는 데 인성보다 맥락 요인이 종종 더 큰 영향을 미친다는 사실이다. 이는 광고업계에 가장 깊숙이 뿌리내리고 있는, 브랜드는 핵심 광고 타깃을 찾아내서 그들에게 집중적으로 광고해야 한다는 믿음을 단번에 허물어뜨린다.

브랜드는 광고 타깃만큼이나 타깃이 처한 상황의 맥락에 집중해야 한다는 걸 실험이 보여준다. 나는 이 책에서 맥락이 시종일관 어떻게 특정한 행동을 조장하는지 알아볼 것이다.

## 4. 적절한 맥락을 안다고 착각하지 마라

달리의 실험은 막판에 수정됐다. 심리학자들이 사제들에게 5분 동안 의견을 얘기해줄 것을 부탁했던 장면으로 다시 되돌아가보자. 내가 언급하지 않은 내용이 있었다. 학생 절반은 착한 사마리아인 우화에 대해 논의해보라는 요청을 받았고, 나머지 절반은 졸업생에게 가장 적합한 직업에 대해 논의해보라는 요청을 받았음을 말이다.

착한 사마리아인 우화는 예루살렘에서 예리코로 향하는 길에서 강도를 당한 후 죽도록 방치된 한 유대인에 대한 이야기이다. 제사장과 레위인은 애석하게도 유대인을 무시하고 지나쳐가지만 사마리아인은 가던 길을 멈추고 그를 돕는다.

실험에 참가한 가톨릭 수습 사제들은 우화 내용을 잘 알고 있었을 것이다. 달리는 "착한 사마리아인에 대해 생각하는 것보다, 도움이 필요한 사람을 돕는 문제와 관련된 더 중요한 기준이 맥락이라고 생각하기란 힘들다."고 말했다. 착한 사마리아인에 대해 논의할 예정인 사제들이 특히 가던 길을 멈출 가능성이 높을 거라고 기대하는 게 합리적이지만, 실상은 그렇지 않았다. 설교 주제는 조금의 차이도 만들지 못했다.

맥락이 중요하다. 하지만 어떤 특별한 맥락이 그런지는 불분명하다. 우리가 활동하는 시장에서 우리의 가설이 브랜드에 미치는 영향을 확인하기 위해선 그것을 간단하게 테스트해봐야 한다. 노벨 경제학상 수상자이자 미국의 이론물리학자인 리처드 파인만Richard Feynman은 이렇게 말했다.

"당신의 이론이 얼마나 아름다운지는 중요하지 않다. 또한 당신이 얼마나 똑똑한지도 마찬가지다. 실험에 부합하지 않는다면 그 이론은 틀렸다."

아름다우면서, 동시에 다수의 실험적 증거를 통해서 뒷받침된 사회심리학 이론은 다음에 살펴볼 '사회적 증거'social proof이다.

# 2.
# 사회적증거

**왜 사람들은 대중적 브랜드에 지갑을 열까**

역으로 차를 몰고 가던 당신은 우연히 나무를 올려다보고 있는 보행자 무리를 목격한다. 무슨 일 때문에 그럴까? 궁금했던 당신은 목을 길게 빼서 주변을 살핀다. 혹시 저기 나무 위에서 오도 가도 못 하게 된 고양이가 있는 것일까? 아니면 나무가 곧 쓰려지려고 하는 걸까? 하지만 이유를 알아내기 전에 신호등이 바뀌었다. 당신은 빨리 출발해야 한다.

나와 비슷한 주변의 다수가 하는 일이 옳다고 생각하고 따라하는 걸 '사회적 증거'라고 한다.

이것은 1935년 근대 사회심리학의 창시자 중 한 사람인 무자퍼 셰리프Muzafer Sherif가 연구를 통해 맨 처음 밝혀낸 유명한 편향이다.

셰리프의 연구가 흥미로운 건 사실이지만, 마케터가 하는 일과 가장 큰 관련성이 있는 건 로버트 치알디니Robert Chialdini가 한 최근의 연구다. 애리조나 주립대학 심리마케팅학과 교수인 그는 한 미국 호텔 체인을 설득해서, 호텔 측이 고객들에게 타월 재사용을 권유하기 위해 객실에 놓아둔 안내 문구 내용을 수정했다. 그는 3종류의 문구를 만들었다. '타월을 재사용하면 환경 보호에 도움이 됩니다.'라는 첫 번째 제어control 문구를 본 투숙객 중 35퍼센트만이 타월을 재사용했다.

한편 '대부분의 투숙객이 타월을 재사용하고 있습니다.'라는 사회적 증거 문구를 보고 이를 준수한 투숙객 비율은 44퍼센트였다. 어떤 합리적인 설명도 없이 준수 확률이 9퍼센트포인트 올라갔다는 건 인상적인 결과다. 특히 추가 비용을 들이지 않았다는 점에서 그렇다. 대부분의 마케팅 활동은 이보다 평범한 결과를 낸다.

## 비즈니스 분야에 편향이 적용되는가

내가 최근 실시한 실험 결과는 장소를 불문하고 사회적 증거가 유효하다는 걸 보여준다. 나는 응답자 300명에게 가짜 맥주 브랜드 사진을 보여주며 곧 영국에서 출시된다고 말해줬다. 응답자 절반은 맥주 재료의 기원에 대한 이야기만을 들은 반면, 나머지 절반은 같은 이야기에 그 맥주가 남아프리카공화국에서 가장 대중적인 맥주라는 설명까지 추가로 들었다. 그러자 맥주를 시음해보길 원하는 사람의 숫자가 2배 더 많았다.

동료 리처드 클레이Richard Clay와 나는 한 술집에서 사회적 증거의 효과를 테스트했다. 남부 런던에 있는 캐노피Canopy 맥주 회사는 자신들이 운영하는 술집에 포터Porter 맥주가 이번 주에 가장 잘 팔린 에일맥주라고 쓴 작은 푯말을 붙여 놓기로 했다. 그러자 포터 맥주가 다른 맥주에 비해 2.5배 더 많이 팔렸다. 여기서 주간 판매량의 변수를 빼고 다시 뽑아보자, 포터 맥주의 판매 비중이 2배로 늘어난 게 확인됐다.
이러한 실험은 편향을 테스트하기에 이상적인 방법이다. 편향이 실험
실에서 나온 결과일 뿐이라는 의심을 떨쳐버릴 수 있기 때문이다.


## 어떻게 현장에 적용할까

### 1. 인기를 큰소리로 말해줘라

가장 단순한 방법은 당신 제품의 인기를 명확히 알려주는 것이다. 다
수의 유명 광고 캠페인들이 그렇게 했지만, 위스카스Whiskas가 이 점에
서 가장 눈에 띄는 것 같다. 그들은 "10명의 주인 중 8명이 '기르는 고
양이가 위스카스를 선호한다'고 말했다."는 문구의 광고를 장기간 내
보냈다. 그런데 불행하게도 광고자율심의기구Advertising Standards Authority의
지적을 받았고, 광고 문구는 덜 간결하지만 보다 정확한 "선호 브랜드
를 말한 고양이 주인 10명 중 8명이 '기르는 고양이가 위스카스를 선
호한다'고 말했다."로 완곡하게 바뀌었다.

　이런 기본 전략은 판매 시점에 고객의 환심을 사기 위해 쓸 수 있다.
맥도날드 매장의 햄버거 판매 개수를 보여주는 유명한 푯말이 좋은
사례이다(레이 크록Ray Kroc이 1955년에 맥도날드를 인수했을 때 100만 개
였던 햄버거 판매 개수는 1994년에는 990억 개로 늘어났다).

## 2. 맞춤형 주장을 하라

인기를 떠들어대는 것이 효과적이지만, 더 효과적인 방법이 있을 수 있다. 치알디니가 세 번째 문구로 한 실험이 그렇다는 걸 보여준다. 치알디니는 '이 방에 머물렀던 대부분의 투숙객들이 타월을 재사용했습니다.'라는 문구를 붙여 타월을 재사용해줄 것을 부탁했다. 그러자 타월 재사용 준수율이 49퍼센트로 더 올라갔다. 치알디니는 세 번째 문구가 이 방에 머무르는 투숙객과 관련성이 높았기 때문에 더 효과적이었다고 주장했다. 진정한 관련성을 이용한다면 얼마나 훨씬 더 효과적인 문구가 될 수 있었을지 상상해보자.

이런 식의 맞춤형 접근 방법을 쓰는 사례는 찾아보기 힘들다. 하지만 영국의 최대 커피 체인점 코스타Costa가 그렇게 했다. 그들은 애주가가 아닌 커피 애호가 사이에서 코스타 커피가 인기가 좋다는 점을 강조하는 광고를 내보냈다. 자신을 미식가로 여기는 사람들의 마음을 사로잡는 게 목적이었다.《가디언》Guardian은 이 광고 덕에 코스타의 매출이 전년 대비 5.5퍼센트 증가했다고 보도했다. 이미 성장할대로 성장한 브랜드가 올리기 힘든 인상적인 매출이었다.

광고 타깃에게 적절한 방법으로 브랜드의 인기를 알리는 것이 최선의 전략이다. 한 가지 방법은 지역 특성에 맞는 문구를 이용하는 것이다. 맨체스터 사람들에게 당신이 맨체스터를 좋아한다고 알리는 식이다. 또 다른 방법은 당신 브랜드가 등장하는 간행물에 맞는 문구를 내보내는 것이다. 예를 들어《가디언》에 광고를 내면 당신 브랜드가《가디언》독자들 사이에서 인기가 있다는 점을 언급하고,《데일리 메일》 Daily Mail에 내면 그곳 독자들 사이에서 그렇다는 점을 언급하라. 이렇게 잡지별로 독자에게 맞는 문구를 내보내지 않았다가는 후회하게 될지 모른다.

사회적 증거의 효과를 통해 매출을 확실하게 올릴 수 있지만 이 편향을 활용한 전략이 보기 드문 이유는 무엇 때문일까? 이 책의 집필을 시작한 날,《타임스》를 뒤져보았다. 사회적 증거를 이용한 광고는 딱 하나만 찾을 수 있었다. 왜 이렇게 적은 걸까?

가장 큰 이유는 브랜드들이 어떤 광고 문구를 내보낼지 고민할 때 설문조사를 실시하기 때문이다. 응답자들은 이구동성으로 본인이 다른 사람들의 영향을 받지 않고 독자적으로 결정을 내린다고 주장한다. 그래서 사회적 증거를 이용한 광고를 제안해도 채택되지 못하고 결국 제안으로 끝나버리는 것이다.

치알디니의 마지막 타월 실험은 그동안 수많은 브랜드들이 지나치게 성급한 결론을 내렸다는 걸 보여준다. 치알디니는 학생들에게 3가지 중 어떤 타월 재사용 문구가 가장 설득력이 강했는지 물어봤다. 압도적 다수가 환경 문구를 선택했다. 사람들의 실제 행동과 정반대의 결과였다. 순진한 믿음을 가진 고객은 당신을 호도할 것이다. 데이비드 오길비David Ogilvy의 말대로 "소비자는 본인이 어떻게 느끼는지를 생각하지 않고, 생각나는 대로 말하거나 말하는 대로 행동한다."

그렇지만 광고주는 고객의 주장을 액면 그대로 받아들일 요량으로 여전히 조사를 한다. 시장 조사 예산의 대부분이 설문조사에 투자된다. 조사 방법을 개선하기 위해선 고객이 하는 말을 무조건 믿지 말고 그들이 하는 행동을 주시해야 한다.

《허드, 시장을 움직이는 거대한 힘》Herd: How to Change Mass Behaviour by Harnessing Our True Nature 의 저자 마크 얼스Mark Earls 는 "우리는 인류학으로부터 배우고, 사람들 귀 사이의 공간이 아닌 그들 사이의 공간에 집중해야 한다."고 말했다.

## 3. 규모가 알려질 거라는 생각은 금물이다

두 번째 이유는 많은 브랜드가 대중들에게 자신들의 인기가 알려져 있다고 믿기 때문이다. 브랜드의 시장점유율을 꿰뚫고 있는 마케터는 소비자도 그럴 거라는 착각에 빠지는 경우가 허다하다. 잘못된 생각이다.

동료 클레어 린포드Claire Linford 와 나는 소비자 1,003명을 대상으로 자동차, 즉석커피, 라거 생맥주, 커피숍 분야의 일류 브랜드를 묻는 설문조사를 실시했다. 4개 카테고리 중 3개 카테고리의 소수 응답자만 정답을 내놓았다. 라거 생맥주 카테고리에서 이런 현상이 극심했다. 응답자의 24퍼센트만이 칼링Carling 이 영국에서 가장 잘 팔리는 맥주 브랜드라는 걸 알고 있었다. 당신의 브랜드가 인기가 있다고 해도 사람들이 당연히 그 사실을 알 거라고 전제하지 말고, 그것을 큰 소리로 알려야 한다.

## 4. 창의적으로 생각하라

사회적 증거 활용을 막는 또 다른 장애물은 대부분의 브랜드가 시장 선도 브랜드가 아니라는 사실이다. 1등 브랜드는 하나다. 하지만 약간의 창의성만 있다면, 이러한 사실에 그다지 얽매이지 않아도 된다. 초콜릿 막대를 예로 들어보자. 당신은 매주 500만 개씩 팔린다는 과자 브랜드 터녹스Tunnock's 포장지에 붙어 있는 해묵은 광고처럼 판매량을 언급할 수도 있다. 혹은 당신 제품의 판매량이 가장 빠르게 늘어나고 있다는 식으로 판매량 증가를 이야기할 수도 있다. 혹은 당신이 하위 카테고리에서 성공해서 다크 초콜릿 막대 시장에선 1등 브랜드라고 강조할 수도 있다. 이처럼 수백 가지로 변환하고 응용할 수 있다.

혁신적인 마케팅 주장을 펼칠 수 있는 방법은 많다. 또한 창의적으로 표현할 수 있는 방법도 많다. 적임자에게 맡기면 자칫 무미건조해질 수 있는 문구가 좀 더 강력한 효과를 내는 문구로 바뀔 수 있다. 예를 들어 미국의 광고대행사 JWT의 제레미 볼모어 Jeremy Bullmore 전 회장은 자사의 컨버터블 인기를 알리고 싶어했던 1970년대 포드에 대해 이렇게 말했다.

> 포드는 "미국 베스트셀러 컨버터블이다."라고 완벽하게 홍보할 수 있었다. 하지만 대신에 "포드보다 잘 팔리는 컨버터블은 이것밖에 없다."라면서 유모차 사진을 광고에 실었다. 유머와 재치가 넘치는 광고다. 광고가 완벽해지려면 고객들의 기여가 전적으로 필요하다.

그러나 그것은 자동차를 사려는 누군가의 능력 범주 안에도 있는, 작으면서도 즐거운 기여다. 또한 제조업체의 자축식 자랑이 자신감 넘치는 1등 기업임을 알리는 매력적인 증거가 되었다. 의도했던 바가 제대로 전달된 것이다.

시간을 투자해 매력적이고 재치 있게 사회적 증거 문구를 전달하려는 브랜드는 심지어 더 크게 성공할 것이다.

사회적 증거를 이용하기 위해선 사실조차 필요하지 않다. 인기가 있다는 착각을 일으키면 끝이다. 2001년에 애플이 아이팟을 출시했을 때, 경쟁사는 모두 검은색 이어폰을 함께 줬다. 제품이 소비자의 호주머니 속에 들어가 있으면 주변 사람들은 그가 어떤 브랜드의 제품을 사용해 음악을 듣는지 몰랐다. 브랜드의 성공이 눈에 띄지 않았다.

반면에 아이팟 사용자들은 흰색 이어폰 때문에 쉽게 눈에 띄었다. 이런 독특함은 시장 선도 기업이 되기 오래전부터 이미 애플이 그런 기업인 것처럼 보이게 만들었고, 애플에 대한 소비자의 호감은 훨씬 더 커졌다. 애플의 기술 전도사인 가이 가와사키Guy Kawasaki는 "결론적으로 말해서 친숙함은 경멸이 아닌 열정적 관심을 낳는다."라고 말했다.

미국의 비즈니스 및 기술 뉴스 웹사이트 비즈니스 인사이더Business Insider는 훗날 아이팟의 경이적인 성공을 분석하면서, "아마도 애플이 이룬 가장 위대한 혁신은 순백색 이어폰이었다."고 주장했다.

아이팟만 사회적 증거를 이용한 건 아니었다. 사이다 제조회사인 매

그녀스Magners는 영국에서 사업을 시작했을 때 사회적 증거를 이용했다. 매그너스는 최초로 얼음을 곁들여 마시는 사이다 광고를 한 브랜드였다. 즉, 사이다를 잔에 부은 후 병을 치워도 고객이 무엇을 마시고 있는지 분명해지는 광고였다. 2005년 여름, 이 독특한 전략은 모든 사람들이 매그너스 사이다를 마시고 있는 듯한 착각을 일으켰고, 이로 인해 매그너스는 더 유명해졌다. 매그너스는 한 번에 한 지역에서 제품을 출시함으로써 이런 인상을 더 강하게 심어주자는 전략을 세웠다. 똑똑한 마케팅 전략이었다. 매그너스는 자사의 사이다가 반드시 마셔야 되는 음료라는 느낌을 줄 때까지 한 번에 한 지역씩 공략했다.

### 5. 우선순위를 바로잡아라

마지막으로 잘 거론되지 않는 장애물은 사회적 증거가 지나치게 단순해 보인다는 점이다. 단순하고 쉬워보이는 해결책 때문에 전문가인 우리의 자존심이 상하기도 한다. 또한 사회적 증거를 적용한다고 해서 우리의 전문성이 드러나지도 않는다. 하지만 이러한 생각에 사로잡힌다는 건 광고주보다 우리 자신의 이익을 더 중시한다는 뜻이다. 그랬다간 우선순위가 뒤바뀌게 된다. 중요한 것은 사회적 증거가 먹히느냐 아니냐이며, 그렇다는 걸 보여주는 확실한 증거가 있다.

사회적 증거는 영향력이 크지만 잘 활용되지 않는 전략이다. 그 힘은 가끔 역효과를 내기도 한다. 이어서 이 문제에 대해 더 자세히 살펴보겠다.

# 3.
# 부정적인
# 사회적증거

**편향이 역효과를 낼 때**

당신은 힘겹게 역에 도착한다. 주차장이 혼잡하기 이를 데 없지만, 몇 분 뒤 기차가 도착하기 때문에 빨리 주차해야 한다. 역으로 들어가니 당신이 타야 할 기차에는 빈자리가 몇 개 없다. 그래도 재빨리 밀고 들어가면 빈자리에 앉을 수 있을지 모른다. 다행히 기차가 덜거덕거리며 멈춰 섰을 때, 바로 앞이 문이다. 자리 하나는 당신 거다.

  몇 분 동안 잡념에 빠져 있던 당신은 휴대폰을 꺼내 주요 뉴스 제목을 훑어본다. 그러던 중 《가디언》지 독자 수가 사상 최대로 늘어났지만 유로 독자 수는 줄었다."라며 유로 구독을 요청하는 광고를 우연히 목격한다. 당신은 무시하고 광고를 지울 작은 x 버튼을 찾는다. 그런데 찾을 수가 없다.

《가디언》지의 비효율적 요청은 치알디니가 말한 '부정적인 사회적 증거'negative social proof의 희생양이 됐다. 앞에서 설명했듯이 사회적 증거는 소비자가 타인의 행동에 얼마나 크게 영향을 받는지 보여준다. 반면 부정적인 사회적 증거는 편향의 부주의한 오용이다. 사회적 증거가 그렇게 오용되면 의도한 것과 정반대 효과를 낳는다.

## 범죄를 막기는커녕 부추긴 역효과

부정적인 사회적 증거 사례로 2003년 치알디니가 동료 스티브 마틴Steve Martin, 노아 골드스타인Noah Goldstein과 함께 애리조나 페트리파이드 포레스트 국립공원Petrified Forest National Park에서 실시한 실험 결과를 들 수 있다. 그들이 당시 이곳을 실험 장소로 삼은 이유는, 이곳에서 매달 1톤 정도의 규화목硅化木(지하에 매몰된 식물의 목질부가 지하수에 용해된 이산화규소와 치환되어 돌처럼 단단해진 식물 화석―옮긴이)이 도난당하고 있었기 때문이다. 그 정도면 재앙 수준이었기에, 페트리파이드 포레스트 국립공원은 미국에서 동식물이 가장 심각하게 멸종 위기에 처한 10대 국립공원 중 하나가 되었다.

공원 순찰대는 다음과 같은 경고문을 세워 도난에 대응했다.

> 한 번에 조금씩, 연간 14톤의 규화목 절도 손실로 인해 당신의 유산이 매일 훼손되고 있습니다.

이 경고문이 효과가 있었을까? 순찰대가 도난당한 규화목 양을 강조했기 때문에 심리학자들은 그것이 오히려 더 많은 절도를 조장할까 봐 우려했다.

이들은 공원 길가 3곳에 규화림을 갖다 놓고 이 가설을 실험해봤다. 3곳 중 2곳에 절도 금지 안내문을 세웠고, 나머지 1곳에는 어떤 안내

문도 세워놓지 않았다. 절도가 미치는 영향을 경고하는 첫 번째 안내문 내용은 다음과 같았다.

> 공원에서 규화목을 훔쳐감으로써 공원의 자연 환경을 훼손하지 말아주시기 바랍니다.

두 번째 안내문 내용은 이랬다.

> 과거에도 많은 방문객이 공원에서 규화림을 훔쳐 공원의 자연 환경을 훼손한 적이 있습니다.

이것은 부적절한 행동이 얼마나 광범위하게 퍼져 있는지를 강조했기 때문에 부정적인 사회적 증거 문구에 해당한다.

사람들의 절도를 비난하는 경고문을 세운 곳에서는 규화목 1.7퍼센트가 도난당했다. 반면에 부정적인 사회적 증거 문구가 실린 경고문을 세운 곳에서는 절도율이 7.9퍼센트로 첫 번째 경고문보다 더 높았다. 4배 이상 올라간 것이다.

더 걱정스러운 것은 부정적인 사회적 증거 문구가 담긴 경고문이 세워진 곳에서 경고문이 아예 없었던 곳보다 최대 2배 더 많은 규화목이 없어지기도 했다. 경고문이 없던 곳에서의 절도율은 2.9퍼센트에 불과했다. 이는 범죄를 줄이려고 세운 경고문이 오히려 범죄를 조장했다는 뜻이다. 치알디니는 이에 대해 "이것은 범죄 예방 전략이 아니라 범죄 촉진 전략이었다."고 말했다.

## 부정적인 사회적 증거로 피해를 입는 광고

수많은 사회적 마케팅 활동이 여전히 그들이 해결해줄 수 있는 문제의 규모에 대해 터무니없는 숫자를 제시하면서 오히려 사람들을 충격에 빠뜨린다. 그런 활동이 워낙 자주 눈에 띄다 보니 치알디니는 이를 광고업계가 저지르는 '대실수'라고 꼬집는다.

온라인 백과사전 위키피디아가 자금 모집을 위해 사이트에 올렸던 광고를 보자.

본론만 말씀드리겠습니다. 이번 주에 위키피디아를 도와주세요. 독립성을 지키기 위해 저희는 앞으로도 광고를 싣지 않겠습니다. 저희는 1인당 평균 15달러씩 내는 기부금으로 운영됩니다. 그런데 저희 독자들 중 극소수 독자들만이 기부를 하십니다. 이 글을 읽는 모든 분들이 즉시 3달러를 기부해주신다면 저희의 자금 조달 활동은 1시간 내로 끝날 것입니다. (밑줄은 내가 표시한 것이다.)

앞에서 예로 든 국민 4퍼센트만 헌혈에 참여한다는 사실을 알리기 위해 국민보건서비스NHS가 펼친 헌혈 장려 운동에 대해 생각해보자. 영국 정부 산하 사회적 기업인 행동통찰팀Behavioural Insight Team 최고책임자 데이비드 핼펀David Halpern 박사는 그동안 부작용을 초래한 사회적 마케팅 사례를 수없이 목격했다.

- 사례 1 : 이민 담당 관리자들에게 그들의 동료 몇 명이 취업 비자를 팔다 적발돼 처벌을 받았다는 걸 알리는 포스터("난 그런 생각은 해본 적도 없긴 한데 비자를 판 사람들은 얼마나 큰돈을 벌었는지 궁금하다.")

- 사례 2 : 진료실에 붙어 있는 지난달 예약을 어긴 환자 수를 적어놓은 표지판("그렇다면 나만 어긴 게 아니네.")

- 사례 3 : 회사 고위 이사직에 오른 여성 수가 적다는 사실을 안타까워하는 전국 광고("음, 우리 회사 이사 12명 중 1명이 여성이니 꽤 괜찮은 수준이네.")

이러한 문구들은 원하지 않은 행동이 '만연되어 있다'는 점을 강조해서 실패한다. 우리가 타인의 행동을 모방하는 사회적 동물인 이상, 특정 행동을 막으려는 문구들이 오히려 그러한 행동을 조장하는 것이다.

## 어떻게 현장에 적용할까

### 1. 통계를 거꾸로 뒤집어라

똑같은 상황도 다양한 방식으로 설명이 가능하다. 반드시 바람직한 행동을 유도하고 강조하는 묘사를 해야 한다.

- 도둑맞은 14톤의 규화목을 강조해선 안 된다. 97퍼센트의 방문객이 훔치지 않는다는 사실을 알려라.

- 4퍼센트만이 헌혈한다고 말해선 안 된다. 200만 명이 헌혈하지만 더 많은 사람들의 참여가 필요하다고 솔직히 알려라.

각각의 상황에서 사회적 증거를 부정적이 아니라 긍정적으로 이용하는 '숫자'를 고르도록 노력하라.

### 2. 생각과 현실 사이의 간극을 좁혀라

우리의 행동은 다른 사람들이 어떻게 행동할 거라고 생각하느냐에 따라 영향을 받는다. 하지만 그런 추측은 종종 틀린다.

예를 들어 2014년에 여론조사 기관 입소스 모리 IPSOS MORI 는 영국 성인 1,000명에게 다양한 사회적 이슈가 미칠 파장에 대한 추측을 요청했다. 응답자들의 추측은 계속해서 빗나갔다. 그들은 매년 15세에서

19세 사이 소녀 중 16퍼센트가 출산한다고 추측했다. 국제연합에 따르면 실제 숫자는 16퍼센트의 5분의 1도 안 되는 3퍼센트 정도다.

마찬가지로 응답자들은 평균적으로 성인 유권자의 49퍼센트만이 지난번 총선 때 투표했다고 추측했다. 실제 숫자는 이보다 훨씬 더 높은 66퍼센트였다.

언론과 자선단체와 정부는 사회 문제를 크게 부풀려 이야기하는 경향이 강하기 때문에 대중은 그것의 파급력을 과대평가한다. 문제를 과장하려고 애쓰기보다 현실에서 벗어난 생각을 하고 있는 건 아닌지 확인하라. 만약 그렇다면 간극을 좁히기 위해 애써라.

### 3. 서술형이 아닌 명령형 규범에 대해 말하라

두 가지 종류의 규범이 있다. 당신이 어떻게 행동해야 하는지를 언급하는 '명령형 규범'injunctive norm과 대부분의 사람들이 어떻게 행동하는지를 설명해주는 '서술형 규범'descriptive norm이다. 대부분의 사람들이 바람직하지 않은 방식으로 행동하는 상황에 당신이 직면해 있다면, 서술형 규범보다는 명령형 규범을 써보기를 권한다.

예를 들어 《가디언》지나 위키피디아에 돈을 기부하는 사람이 소수에 불과하다면, 이 문제를 해결하기 위한 방법은 공짜로 그런 서비스를 이용하는 게 눈살을 찌푸릴 만한 일임을 널리 알리는 것이다. 나는 전국을 대표하는 집단을 상대로 조사를 실시했다. 의견을 제시한 사람들 중 62퍼센트가 뉴스 사이트 유료 이용을 부탁받았는데도 불구하고 무료로 이용하려는 건 부당한 행동이라고 생각한다고 대답했다.

　사회적 편향이 어떻게 역효과를 낼 수 있는지에 대한 논의는 이 정도로 하겠다. 다음은 브랜드가 적용할 수 있는 가장 가치 있는 전략 중 하나이자 편향인 '독특함'distinctiveness을 보다 긍정적으로 적용하는 방법에 대해 살펴보겠다.

# 4.
# 독특함

세상이 지그로 움직일 때 재그로 움직여라

열차에서 내린 당신은 감색, 청색, 검은색 옷을 차려입은 승객들과 함께 개찰구를 향해 천천히 걸어간다. 마침내 개찰구에 도착한 당신의 시선은 근무 중인 한 직원에게 쏠린다. 50대로 보이는 그 남성 직원은 펑크록 애호가처럼 보인다. 그는 모히칸족 머리를 하고 있다. 즉, 수탉 벼슬처럼 밝은 청색으로 염색한 가운데 부분만 남기고, 나머지 부분은 시원하게 밀어버린 것이다. 불현듯 당신은 모히칸족과 같이 일하게 되면 어떨지 상상한다.

당신은 옆머리와 뒷머리를 아주 짧게 깎은 수백 명의 승객보다 모히칸족 머리를 한 직원을 특히 더 주목했다. 이런 현상을 설명해주는 학술적 증거는 1933년에 박사 후 과정을 밟던 헤드비그 폰 레스토프Hedwig von Restorff가 한 실험에서 찾을 수 있다.

레스토프가 '기억 가능성'을 주제로 연구 논문을 발표했을 때, 당시 그녀는 베를린 대학 소아과학 연구원이었다. 그녀는 실험 참가자들에게 긴 글자 목록을 보여줬다. 목록에는 무작위로 연결된 3개 글자 조합이 계속해서 나오다가 갑자기 3개 숫자 조합이 나왔다. 예를 들어 jrm, tws, als, huk, bnm이 나오다가 153이 나온 뒤 다시 fdy가 나오는 식이다. 레스토프는 참가자들에게 잠시 휴식 시간을 준 뒤 본 내용을 기억해보라고 시켰다. 결과적으로 참가자들은 가장 눈에 띄는 조합, 이 경우에는 3개 숫자 조합을 가장 잘 기억했다. 이처럼 차이가 분명한 사물을 일반적인 사물보다 잘 기억하는 현상을 '폰 레스토프 효과' 내지 '고립 효과'isolation effect라고 한다.

불행하게도 그 실험 직후 폰 레스토프의 경력은 비극적으로 끝났다. 나치가 대학 숙청에 나서면서 수많은 다른 심리학자들과 함께 그녀도 대학에서 추방됐다. 당시 서른 살도 되지 않았던 폰 레스토프는 이후 어떤 연구 결과도 발표하지 않았다.

## 80년이 지나도 여전히 유효한 결과

80여 년 전 레스토프의 실험이 지금도 그 결과가 유효할까? 나는 동료 로라 웨스턴Laura Weston과 함께 알아보기로 했다. 우리는 전국을 대표하는 참가자 500명에게 숫자 목록을 보여줬다. 파란색으로 적힌 숫자 하나를 제외한 나머지 15개 숫자는 모두 검은색으로 적혀 있었다. 잠시 뒤 우리는 참가자들에게 어떤 숫자를 기억하고 있는지 물었다. 참가자들이 파란색 숫자를 기억할 가능성이 30배 더 높았다.

브랜드를 갖고서도 실험해봤다. 우리는 실험 참가자들에게 로고 목록을 보여줬다. 11개는 자동차 브랜드 로고였고, 1개는 패스트푸드 브랜드 로고였다. 잠시 뒤 우리는 그들이 어떤 브랜드를 기억하는지 물었다. 평범한 자동차 브랜드보다 패스트푸드 브랜드 로고를 기억할 가능성이 4배 더 높았다. 이처럼 '독특함'은 브랜드를 더 잘 기억하게 해준다. 자명한 소리 같지만 마케팅 현장에서 애써 외면하는 사실이기도 하다.


## 어떻게 현장에 적용할까

### 1. 카테고리 규범을 뒤집어라

카테고리 규범을 맹종하며 따르는 광고가 많다. 코페르니쿠스 컨설팅 Copernicus Consulting이 2001년 피크 타임 때 나간 TV 광고 340편을 분석했는데, 7퍼센트만이 차별화된 브랜드 광고를 하고 있었다.

이와 관련해 흥미로운 사례를 하나 살펴보려고 한다. 일류 브랜드는 너나 할 것 없이 축구를 후원한다. 2012년에 대형 리그 4곳이 주류 브랜드로부터 후원을 받았다. 칼링은 리그컵League Cup을, 버드와이저는 FA컵을, 하이네켄은 챔피언스 리그Champion's League를 각각 후원했다. 또한 하이네켄과 칼스버그는 영국 국가대표팀의 공식 후원 맥주이기도 했다. 이렇게 떼로 몰려다니며 후원하다 보니《캠페인》지는 "5명이 하는 시각장애인용 축구장에서 11명 경기를 하는 꼴이다."라며 지적하기도 했다.

이러한 다양성의 부재는 다른 카테고리에서도 눈에 띈다. 자동차 광고는 울퉁불퉁하게 굽은 시골길을 도는 장면을 선호하는 경향이 있다. 패션 광고는 카메라를 향해 입술을 불룩 내미는 미남미녀를 등장시킨다. 시계 광고는 한술 더 뜬다. 거의 모든 시계 광고에 나오는 시간이 똑같다. 10시 10분 전후다. 시계바늘이 10시 10분이 되면 상표를 손으로 받치고 있는 듯한 모양이 나오기 때문이다. 대만의 스마트폰 제조회사 HTC 광고에 등장하는 휴대폰 스크린에 표시된 시간조차 10시 8분이다. 디지털 시계인데도 말이다!

모방에는 대가가 따른다. 크리에이티브 광고 대행사인 셀!셀! Sell! Sell! 창립자 빅 폴킹혼 Vic Polkinghorne 의 경고에 귀를 기울여보자.

> 중역 회의실이란 한정된 공간에서 안전한 선택처럼 보일 수 있는 광고가 실제 세상으로 나갔을 때는 돈 낭비가 될 가능성이 농후하다. 안전하거나 낯익은 느낌을 주는 광고는 상당히 위험하다. 광고는 '뭉친다고 해서 살지' 못한다. 다른 누군가가 당신과 유사한 일을 하고 있거나 당신과 같은 모습을 하거나 같은 소리를 낼 경우, 모두가 곤경에 빠진다.

따라서 당신은 현재 활동하고 있는 카테고리 내에서 정형화된 행동 규정을 찾아내서 그것을 뒤집어야 한다. 그렇지 않을 경우 시장에 어떤 파장도 불러일으키지 못한다. 2008년에 주요 브랜드는 모두 똑같은 전략을 추구했다. 영국 금융회사인 고컴페어 Gocompare 와 머니슈퍼마켓Moneysupermarket, 자동차 보험 가격 비교 사이트인 컨퓨즈드Confused.com, 보험 상품 비교 웹사이트인 컴페어더마켓Comparethemarket.com은 모두 자신들이 제공하는 기능상의 혜택에 집중했다. 즉, 많은 보험 상품을 비교해서 보여주고, 일반 소비자에게 얼마나 많은 보험료를 아껴주는지 적극적으로 알렸다. 분명 중요한 혜택이긴 하지만, 모두가 그것을 주장했기에 아무런 상업적인 이득도 제시해주지 못했다.

2009년 1월, 컴페어더마켓이 대열에서 이탈했다. 그들은 무작정 합리적 혜택만을 알리기보다 더 감성적인 경로를 밟아나갔다. 그들은 사람들이 인터넷에서 자사의 이름을 입력하다가 '마켓' 대신 귀여운 이미지의 동물인 미어캣Meerkat으로 잘못 친다는 사실에 착안했다. 그래서 아예 컴페어더미어캣comparethemeerkat.com이라는 별도의 사이트를 만들어 미어캣이 출연하는 광고를 내보냈다. 광고에 나온 러시아 미어캣은 모든 사람들이 컴페어더마켓과 컴페어더미어캣 사이트를 헷갈려한다고 불평하면서, 방문객들이 두 사이트의 차이점을 알 수 있게 TV 광고를 시작했다고 설명한다. 결과는 인상적이었다. 컴페어더마켓 사이트의 고려와 자발적 인지spontaneous awareness(어떤 광고나 특정 마케팅 수법에 의한 것이 아니라 소비자가 우연히 혹은 다른 자연스러운 경로로 그 브랜드나 상품을 알게 되는 것—옮긴이) 순위가 4위에서 1위로 올라갔다. 보험 견적 조회 횟수는 83퍼센트로 늘어났고, 불과 9주 만에 회사는 연간 목표를 달성했다. 차별화가 효과를 냈다!

내가 컴페어더마켓과 같이 일하면서 기억나는 일 중 하나는 회사 마케팅팀 규모가 아주 작았다는 점이다. 그들은 2~3명 정도가 의사결정을 책임지는 소수 정예팀을 운영했다. 나는 이것이 그들의 성공 비결이었다고 확신한다. 내 경험상 의사결정 과정에 개입하는 사람 수가 늘어나면 늘어날수록 차별화는 점점 더 힘들어진다. 위원회도 독창적 작업에 도움이 되지 않는다. 코미디언 앨런 셔먼Allan Sherman은 "사람들은 매일같이 위원회에 그냥 앉아 있다가 그들 각자가 내는 색깔이 어느새 서로 비슷한 회색이 되어 나온다."고 말했다.

## 2. 광고 타깃의 나이를 고려하라

리처드 침발로Richard Cimbalo 대멘 칼리지 교수와 로이스 브링크Lois Brink 콜로라도 대학 교수는 1982년에 폰 레스토프 효과에 나이가 미치는 영향을 연구하기 시작했다. 연구에 참가한 대학생과 연금 수급자 72명은 한 가지 항목만 눈에 띄는 명단을 암기했다. 예상대로 그 눈에 띄는 항목이 가장 기억하기 쉬웠는데, 특히 젊은이들 사이에서 그런 현상이 두드러졌다.

젊은 세대를 겨냥하는 광고주는 이러한 점을 특히 더 의식하고 주기적으로 활용해야 한다.

## 3. 카테고리 밖에서 영감을 얻어라

인습을 깨면 효과가 있다는 증거가 있지만, 그렇게 하는 브랜드가 이토록 적은 이유는 무엇일까? 크리에이티브 감독이자 작가인 데이브 트롯<sub>Dave Trott</sub>은 이렇게 설명한다.

누구도 고객에게 뻔한 것이 왜 나쁜지 설명해주는 법이 결코 없다
는 게 문제다. 고객은 시장의 모든 사람들이 하는 일이 분명 옳다
고 생각한다. 창의적 사람들은 그런 생각이 틀렸다고 생각한다. 그
들은 차별화되고, 주변에서 튀길 원한다. 다만 고객 눈에는 그것이
화려한 불꽃놀이처럼 보일 뿐이다.

하지만 차별화는 '화려한 불꽃놀이' 이상의 의미를 갖는다. 아마도
마케팅 책임자들은 서둘러 최신 유행만을 알리려다가 기본을 강조하
는 걸 망각한 게 아닐까? 차별화가 가진 힘을 입증하기 위해서는 폰 레
스토프의 연구 결과를 홍보해야 한다.

또 한 가지, 더 다루기 힘든 문제가 있다. 당신이 차별화된 마케팅을
했지만, 만약 그것이 실패한다면 당신 때문에 애꿎은 관련자들이 잘릴
수도 있다는 것이다. 트롯은 "특히 경험이 부족한 마케터라면 다른 모
든 사람이 하는 대로 따라서 하는 게 안전하다."라고 말했다.

특히 광고의 경우 경쟁 회사의 광고가 완전히 실패한다면, 다른 브
랜드들은 광고를 승인하기 전에 상당한 주의를 기울였기 때문에 실패
하지 않은 거라고 결론을 내린다. 아이러니하게도 많은 브랜드들이 광
고를 하면서 이처럼 방어적인 의사결정 태도를 그들에게 유리하게 이
용하기 위해 애써왔다. "IBM을 사서 해고당한 사람은 없었다."는 괜히

튀다가는 피해를 볼지 모른다는 개인적 걱정에서 착안한, 역사상 최고의 브랜드 광고 문구 중 하나로 자주 칭송받는다.

끝으로 데이터에 대한 근시안적 접근 문제를 설명하겠다. 내 경험을 돌이켜보면 수많은 브랜드가 행동 경로에 집중하기 전에 그들의 카테고리에서 성공한 사례 연구를 확인하길 원한다. 그런데 이는 모방으로 이어진다. 예를 들어 모든 대형 브랜드가 축구를 후원한다면, 어쨌든 효과를 거둔 사례가 있을 것이다. 하지만 축구를 제외한 타 스포츠에 어떤 브랜드도 후원하지 않는다면 성공사례는 당연히 없을 수밖에 없다. 이것은 성공 확률과 무관하게 축구를 후원하려는 브랜드 수가 계속 늘어나는 악순환을 초래한다.

브랜드는 자신들의 활동 카테고리 밖에서 영감을 얻어야 한다. 그래야 같은 카테고리 내에서 획기적 변화를 이룬 몇몇 브랜드의 공통점 중 하나가 독특함이라는 사실을 알게 될 것이다. 다국적 광고회사인 BBH Bartle Bogle Hegarty의 창업자 존 헤거티 John Hegarty가 검은색 리바이스 청바지 광고에 넣었던 문구를 기억하라. "세상이 지그로 갈 때 재그로 가라." When the World Zigs, Zag

불행하게도 헤거티는 고객의 습관을 깰 최고의 방법에 대해서는 말한 적이 없다. 이 방법에 대해선 다음에 이어지는 키워드에서 살펴보겠다.

# 5.
# 습관

대부분 무심코 하는 행동에서 벗어나는 방법

**66**

어느 날 당신은 군중 사이를 헤치며 역의 중앙 홀을 건너 지하철 출입구로 나아간다. 에스컬레이터 한 대가 고장 났기 때문에 홀에는 평소보다 긴 줄이 늘어서 있다. 모든 사람들이 에스컬레이터를 걸어서 내려가야 한다.

5분 동안 줄을 서서 참을성 있게 기다린 끝에 마침내 고장난 에스컬레이터에 도착해서 걸어서 내려가려고 한다. 그런데 금속 계단에 발을 올려놓자 순간적으로 뭔가 불안하고 균형이 잡히지 않는 듯한 느낌이 든다. 하지만 걸어 내려가면서 그런 느낌은 순식간에 사라진다.

**99**


마지막으로 고장 난 에스컬레이터를 걸어 올라가본 게, 혹은 걸어 내려가본 게 언제인지 기억할 수 있는가? 그때 당황하지 않았는가? 에스컬레이터 위에 발을 올려놓았을 때 순간적으로 균형을 잃는다. 당신은 움직이는 계단을 떠올리기 때문에 에스컬레이터가 멈춰 있는 것을 알면서도 무의식적으로 몸을 앞으로 기울이고, 평소보다 빠르게 걸음을 내딛는다.

레이몬드 레이놀즈Raymond Reynolds 버밍엄 대학 교수가 말한 이런 '고장 난 에스컬레이터 현상'broken escalator phenomenon은 반복적인 경험을 통해서 완전히 떨쳐낼 수 없는 습관이 몸에 배었을 때 일어난다.

습관은 우리의 행동에 상당히 많은 영향을 미치지만 눈으로 확인하기가 힘들다. 환경이 바뀌었을 때만 확인이 가능하다.

마케터는 소비자 습관이 가진 힘을 이용할 수 있도록 커뮤니케이션 방법을 조정해야 한다.


## 행동의 절반 가까이는 습관적이다

제프리 퀸Jeffrey Quinn과 웬디 우드Wendy Wood 듀크 대학 심리학과 교수들은 일기를 갖고 한 실험을 통해 습관적 행동의 영향력을 정량화시켰다. 두 사람은 학부생 279명에게 정해진 시간에 알람이 울리도록 프로그램되어 있는 시계를 줬다. 알람이 울릴 때마다 학생들은 그 순간에 한 행동을 일기에 자세히 기록해야 했다. 운동부터 여행, 식사부터 사교생활에 이르기까지 광범위한 분야에 걸쳐 학생들이 한 행동의 45퍼센트는 습관적이었다. 충분한 의식적 사고 없이 똑같은 시간과 장소에서 똑같은 결정을 내렸다.

이것은 브랜드에게는 어려운 문제이다. 대부분 사람들은 무심코 지난번과 똑같은 제품을 사는 식으로 자동조종장치에 따라 움직이는 것처럼 행동한다. 이런 상황에서 당신의 브랜드를 사라고 그들을 어떻게 설득할 수 있단 말인가?

## 습관을 깨기 위해 일대 사건이 필요하다

습관은 환경의 영향을 받기 때문에 환경이 바뀌면 습관도 변한다. 예를 들어 소비자가 '일대 사건' life event 을 겪었을 때는 습관적 행동이 깨질 만큼 그의 주변 환경이 많이 바뀐다. 여기서 말하는 '일대 사건'이란 취직, 대학 입학, 임신, 결혼처럼 살아가면서 겪는 중요한 변화를 뜻한다.

이런 순간의 중요성을 정량화하기 위해 동료 로라 웨스턴과 나는 전국을 대표하는 고객 2,370명을 대상으로 설문조사를 실시했다. 우리는 두 가지 질문을 던졌다. 첫 번째는 최근 겪은 일대 사건이 무엇인지 묻는 질문이었다. 두 번째는 10개의 특정 카테고리 내에서 브랜드를 바꿔본 적이 있는지를 묻는 질문이었다. 카테고리의 범주는 화장품, 택시, 기차, 커피숍, 라거맥주, 브로드밴드, 자동차, 모바일 기기, 심지어 안경 등 다양했다. 그 후 우리는 두 질문에 대한 답을 서로 참조했다. 사람들이 종종 구체적인 이유를 모르고 답하기 때문에, 이것이 그들에게 직접 대답의 이유를 물어보는 것보다 더 신뢰할 수 있는 방법이었다.

결과는 의심할 여지없이 분명했다. 우리는 10개의 제품 카테고리와 각 카테고리에 해당하는 여섯 가지 일대 사건을 조사했다. 총 60개의 변수를 조사한 셈이다. 각 변수마다 소비자들은 일대 사건을 겪었을 때 브랜드를 교체할 가능성이 더 높았다.

이는 상당히 중요한 결과이기도 했다. 최근 중대한 일대 사건을 겪지 않았을 때, 특정 카테고리에서 브랜드를 교체하는 소비자의 비율은 평균 8퍼센트에 불과했다. 하지만 일대 사건을 겪은 소비자의 경우, 이러한 비율이 21퍼센트로 올라갔다. 세 가지 카테고리의 경우에는 일대 사건을 경험한 소비자가 브랜드를 교체할 가능성이 3배 이상이었다.

## 어떻게 현장에 적용할까

### 1. 소비자가 자동적으로 행동하지 못하게 막아라

가장 직접적인 방법은 소비자의 관심을 돌려 습관에서 벗어나게 만드는 것이다. 이 방법의 성공 열쇠는 자동적 행동이 일어나는 순간이나 장소에 맞춘 광고를 내보내는 것이다.

한 가지 성공적인 사례가 있다. 사람들 대부분이 어리둥절한 상태에서 슈퍼마켓에서 장을 본다는 사실을 깨달은 세인즈버리Sainsbury's 슈퍼마켓이 2004년에 내보낸 광고였다. 세인즈버리는 습관적으로 장을 보는 걸 '잠자며 장보기'sleep shopping라고 불렀다. 소비자들은 매주 빠짐없이 같은 물건을 사고 있었다. 슈퍼마켓에서 판매되는 물건은 3만 종류에 이르지만, 그들은 똑같은 150개 물건만 구매했다.

세인즈버리의 광고 대행사 AMV BBDO는 소비자들의 이런 잠자며 장보는 습관을 극적으로 변화시키기 위해 온갖 노력을 기울였다. 그들은 고릴라 복장을 한 남성을 매장에 보내서 장을 보게 했다. AMV BBDO가 장보기를 끝낸 소비자들에게 물었더니, 고릴라 복장을 한 남성을 봤다는 사람의 비율이 놀라울 정도로 낮았다. 소비자들이 자동 조정장치에 따라 움직이는 것 같을 때는 그들의 관심을 끌기가 힘들다.

AMV BBDO는 그들이 만든 광고를 통해 소비자들을 잠에서 깨우기 위해 애썼다. 그들은 소비자들이 보다 모험적으로 변하도록 동기를 불어넣고자 요리 연구가 제이미 올리버 Jamie Oliver를 출연시키고, "오늘 새로운 것을 시도하라." Try Something New Today 란 문구가 등장하는 광고를 내보냈다. 이 광고에 덧붙여 매장에 조리법 카드와 구매를 유도하는 특별 매대를 만들었고, 15만 명에 달하는 세인즈버리 전 직원을 대상으로 교육을 실시했다.

광고는 성공을 거두었다. 하지만 습관을 떨쳐내기란 쉽지 않다. 세인즈버리의 경우에 광고가 효과가 있었던 이유는 세인즈버리가 습관적 행동이 일어나는 환경을 통제했기 때문이다. 다시 말해 그들은 소비자의 자동적 행동을 깨기 위해 POP나 특별 매대 등 다양한 방법을 이용할 수 있었다. 또한 그들은 상당한 규모의 광고 예산을 이 일을 위해 투입했다. 그만큼 습관은 깨기가 힘든 것이다.

## 2. 일대 사건을 겪은 소비자를 공략하라

습관은 깨기가 힘들다. 그러므로 브랜드는 소비자가 일대 사건을 겪을 때처럼 습관의 통제력이 약해지는 이례적 순간을 찾아내야 한다. 이제는 공략 대상 소비자에 대한 활용 가능한 자료가 풍부하기 때문에 과거 어느 때보다 이런 순간을 잡아내기가 더 쉬워졌다. 예를 들어 소셜

네트워크 서비스인 페이스북은 사용자의 이사 시기나 관계 단절 시기를 잡아낸다.

은퇴 같은 일대 사건은 젊은 소비자만큼이나 노인 소비자의 구매 행동에 강력한 일대 변화를 일으킨다. 한마디로 요지부동하기로 악명 높은 노인 소비자를 공략할 수 있는 기회를 열어준다. 노인들은 브랜드 교체 횟수가 적기 때문에, 브랜드에겐 일대 사건 이후 생기는 잠깐 동안의 기회가 상당히 중요할 수 있다.

끝으로 당신의 브랜드가 속한 카테고리와 가장 관련성이 많은 일대 사건을 찾아내라. 일대 사건들 사이의 상대적 중요성은 카테고리마다 다르다. 예를 들어 '화장품'은 소비자가 교제 집단을 바꾸는 게 중요한 사건이다. 새로운 일을 시작했다거나 대학에 입학했다거나 이혼했을 때 등이다. 이러한 시기의 구매자는 자신감을 높여야 하거나 새로운 시각을 형성할 기회가 필요할지도 모른다.

## 3. 심사숙고하는 순간에 광고하라

아담 알터Adam Alter와 할 허시필드Hal Hershfield 뉴욕 대학 및 UCLA 심리학과 교수들은 사람들이 자신의 삶을 재평가하려는 성향이 놀랍도록 강한 시기를 찾아냈다. 바로 29세나 39세처럼 아홉수에 해당하는 나이 때였다. 교수들은 새로운 10년을 앞둔 이런 사람들을 '아홉수 사람들'nine-enders이라고 불렀다. 또 월드 밸류World Values 조사에 참가한 4만 2,063명의 자료를 분석한 끝에, '아홉수 사람들'이 그동안 살아온 삶의 의미를 되새겨볼 가능성이 높다는 사실을 알아냈다.

우리는 시간이 늘 똑같은 방식으로 흐른다고 생각하지 않는다. 그렇기 때문에 이 같은 위대한 심사숙고의 순간을 갖는다. 새로운 10년을 앞두는 것처럼 획기적인 사건은 그 중요성이 상당하다.

동료 제니 리델Jenny Riddell과 나는 이 연구 결과가 영국에서도 유효한지 알아보고 싶었다. 우리는 전국을 대표하는 성인 500명을 대상으로 실시한 조사 끝에, 아홉수 사람들이 문제를 꼬치꼬치 따져보겠다고 주장할 가능성이 12퍼센트 더 높다는 걸 알아냈다.

마케터 입장에서 보면, 흥미롭게도 이러한 자기 성찰은 종종 행동으로 이어진다. 다수의 아홉수 사람들은 상당히 극적인 조치를 취함으로써 곤경에서 벗어난다. 그중에 하나는 바람을 피우는 것이다. 알터와 허시필드는 기혼자 불륜 알선 사이트인 애슐리매디슨ashleymaddison.com의 남성 회원 800만 명의 나이를 분석했다. (이 사이트가 내세우는 대표적인 슬로건은 "인생은 짧다. 바람을 피워라."Life is short. Have an affair이다.)

알터와 허시필드는 남성들이 아홉수 나이에 바람을 피울 확률이 18퍼센트 더 높다는 사실을 알아냈다. 아홉수 사람들이 인생을 되돌아볼 가능성이 높다면, 뭔가가 잘못됐음을 깨닫고 그것을 해결하려는 행동을 취할 가능성도 높다.

불행하게도 이런 자기 파괴적인 행동은 불륜으로 끝나지 않는다. 미국 질병통제예방센터US Center for Disease Control and Prevention 자료에 따르면, 아홉수가 되면 자살하는 사람이 약간이긴 하지만 통계적으로 유의미하게 늘어난다는 걸 알 수 있다.

다만 모든 행동이 부정적인 건 아니다. 아홉수 사람들은 좋든 나쁘든 그들의 인생을 바꿀 크고 결정적인 조치를 취할 가능성도 높다. 스포츠 웹사이트 애스링크스<sub>www.athlinks.com</sub>가 수집한 데이터는 아홉수 사람들이 다른 연령대 사람들에 비해 처음 마라톤을 시작할 가능성이 48퍼센트 더 높았음을 보여준다.

당신이 소비자들로 하여금 행동을 재평가하게 만들어야 한다면, 특히 아홉수 사람들이 그렇게 만들기에 적절한 그룹일지도 모른다.

## 4. 습관이 굳어지기 전에 광고하라

다른 방법은 습관이 굳어지기 전에 광고에 집중하는 것이다.

사회 정책 사례는 이러한 전략의 장점을 잘 보여준다. 미국 콜로라도 대학 소아과 교수인 데이비드 올즈<sub>David Olds</sub>는 아이가 2~3세가 될 때까지 취약 계층 엄마들에게 간호 지원 서비스를 제공하는 간호사 방문 프로그램 NFP <sub>Nurse Family Partnership</sub>를 개발했다. 이 프로그램은 2주마다 간호사가 저소득층 가족을 방문해서 건강, 발달, 영양과 관련한 조언을 제공한다. 엄격한 테스트 결과, 이 프로그램이 폭력을 크게 줄여주면서 교육적인 효과를 개선시켜준다는 사실을 보여줬다. 하지만 이런 인상적인 결과는 아이를 1명만 키운 엄마들 사이에서만 나타났다. 아이가 2명 혹은 3명인 엄마들에게는 프로그램이 아무런 효과가 없었다. 그때쯤에는 그들의 습관이 굳어졌기 때문이다.

이것만 예외적인 사례는 아니다. 중소기업들에게 기한 내 납세를 유도하려는 정부 활동에서도 같은 시나리오를 목격할 수 있다. 데이비드 핼펀이 한 말을 보자.

문제는 일단 누군가가 세금을 지연 납부하거나 연체하는 습관이 생길 경우, 그 습관을 바꾸게끔 만들기가 매우 힘들다는 것이다. 그들은 수많은 납부 독촉장을 받는 데 익숙해져 있고, 꿈적도 하지 않고, 벌금도 내지 않는다. 한 차례 전화를 추가로 걸거나 찔러도 별다른 효과가 없다 해도 놀랄 만하지 않다.

습관이 굳어지기 전에 공략 대상자를 정했을 때 얻는 혜택은 상업적 브랜드로까지 확장된다. 브랜드는 카테고리 진입자에게 상당한 공을 들여야 한다. 따라서 슈퍼마켓의 경우 아이를 둔 나이 든 가족의 씀씀이가 가장 크다고 할지라도, 학생과 신입사원처럼 처음으로 자신이 먹을 식료품을 사러 나온 사람을 공략하는 게 장기적으로 더 나은 전략이 될 수 있다는 걸 알아야 한다.

슈퍼마켓과 일반 소매점들이 쓸 수 있는 또 다른 판매 증진 전략은 가격 부담이 적어 보이게 만드는 것이다. 그렇다고 팔 물건의 가격을 낮춰야 한다는 뜻은 아니다. 신중하게 가격을 알리라는 말이다. 이것이 바로 다음 키워드의 핵심이다.

# 6.
# 지불의 고통

소비자가 느끼는 가격 부담을 덜어주는 전략

저녁 10시가 되자 몸이 노곤해진다. 이메일을 끝까지 읽기도 전에 다른 데로 정신이 팔린다. 카페인을 채워야 할 시간이 왔다. 하지만 사무실 커피 자판기는 고장이 났다. (안 그랬던 적이 있던가?) 그렇다면 주변에 있는 카페로 가야 한다. 사무실을 나와 카페로 가서 커피를 주문한 뒤 신용카드로 결제하기 직전, 충동적으로 쇼트브레드 비스킷을 산다. 양도 적은 게 3파운드나 하지만, 일단 지르고 본다.

당신은 왜 충동적으로 비스킷을 구매했을까? 신용카드로 결제하다 보니 용기가 난 걸까? 덩컨 시메스터 Duncan Simester와 드라젠 프레릭 Drazen Prelec MIT 교수들이 수집한 증거는 그렇다는 걸 보여준다.

　2001년에 두 교수는 경영대학원생 64명을 대상으로 농구 입장권 2장을 경매에 붙였다. 학생별로 최대한 낼 수 있는 입찰가를 제시해야 했다. 대부분의 실험이 그렇듯, 이번 실험에도 약간의 변화를 줬다. 학생 절반은 신용카드로, 나머지 절반은 현금으로 각각 표 값을 지불하라는 지시를 받았다. 신용카드로 지불해야 했던 학생들의 평균 입찰가는 61달러로, 현금으로 지불해야 했던 학생들의 평균 입찰가 29달러의 2배가 넘었다.

　이쯤에서 당신은 학생들이 신용카드로 결제할 때는 지불 여력이 커져서 더 많은 돈을 제시했다고 반박할지 모르겠다. 합리적인 반박이다. 하지만 실험의 다른 요소들은 꼭 그런 것만은 아니라는 걸 보여준다. 첫째, 학생들은 근처에 현금 출납기가 있다는 말을 들었다. 둘째, 가격이 낮은 농구 용품을 갖고 실험을 반복했을 때도, 현금으로 내야 하는 학생들의 입찰가는 평균 3.32달러에 그쳤지만 신용카드로 내야 하는 학생들의 입찰가는 5.29달러로 더 높았다. 학생들이 쉽게 구할 수 있는 용품에도 신용카드로 지불할 때 더 높은 입찰가를 제시했다는 사실은 가용 자금이 입찰가 결정에 핵심 요소는 아니었다는 걸 보여준다. 또 다른 이유가 작용했던 것이다.

실험을 한 교수들은 신용카드 결제가 결제의 고통을 완화시킨다고 추정했다. 소비자가 현금으로 결제할 때 그들에겐 상품 가격이 더 중요하지만, 카드 결제는 그러한 느낌을 감춰준다. 프리야 라구비르Priya Raghubir와 조이딥 스리바스타바Joydeep Srivastava 뉴욕 대학 스턴 경영대학원 연구원들에 따르면, 이러한 이유로 신용카드는 '실제로 존재하지 않는 돈'처럼 취급된다.

두 연구원은 〈집을 나설 때 꼭 챙기지 마세요〉Always Leave Home Without It 란 제목의 논문을 썼다. 아멕스AMEX 카드의 광고 문구인 "집 나설 때 꼭 챙기세요"를 비꼰, 학계에서는 보기 힘든 재미있는 논문 제목이다.

# 새로운 결제 기술이 부담을 잊게 한다

최근 들어 새로운 결제 방법이 쏟아져 나오고 있다. 이 중에서 가장 광범위하게 퍼진 게 비접촉식 카드다. 동료 가브리엘 홉데이 Gabrielle Hobday 와 나는 런던 중심부에 소재한 커피숍을 나서는 사람들에게 다음 세 가지 질문을 던져서 비접촉식 카드가 그들의 가격 민감성에 어떻게 영향을 주는지 조사했다.

질문 1. 얼마를 지불하셨습니까?
질문 2. 어떤 결제 수단을 사용하셨습니까?
질문 3. 영수증을 보여주실 수 있나요?

마지막 질문은 결정적이었다. 영수증은 사람들이 낸 걸로 기억하는 금액과 실제로 지불한 금액을 비교할 수 있게 해줬기 때문이다.

결과는 놀라웠다. 현금으로 결제한 사람들은 일반적으로 그들이 실제로 낸 금액보다 9퍼센트 돈을 더 많이 냈다고 기억한 반면에, 비접촉식 카드로 결제한 사람들은 반대로 5퍼센트 돈을 더 적게 냈다고 생각했다. 차이가 14퍼센트포인트가 났다. 신용카드로 결제한 사람들의 경우에는 실제로 지불한 금액과 기억하는 금액 사이에 차이가 없었다.

이런 차이는 중요하다. 슈퍼마켓에서 25파운드짜리 물건을 샀는데 비접촉식 카드와 현금으로 낸 금액 차이가 14퍼센트라는 건, 3파운드

50펜스 차이가 난다는 뜻이다. 비접촉식 카드 결제에 대한 기억은 비싸게 장을 봤는데도 싸게 장을 봤다고 믿게 만들 수도 있다. 이런 기억은 물건을 구매한 슈퍼마켓을 다시 찾을지 말지를 결정하는 데 영향을 미친다. 슈퍼마켓 입장에선 수익 저하를 감수하고 대폭적 할인을 해주거나 혁신적인 결제 방법을 고안해서 소비자가 긍정적인 기억을 갖게 만들 수 있다.


## 어떻게 현장에 적용할까

### 1. 현금 없는 결제 기술에 투자하라

아직까지 비접촉식 카드 결제 단말기가 광범위하게 보급되어 있지는 않다. 많은 소매상들이 여전히 비접촉식 카드 결제 단말기의 설치를 판매 증진의 기회라기보다 불필요한 비용으로 간주한다. 아직도 매장에 도입하지 않았다면 서둘러 설치하는 게 좋겠다.

하지만 걱정할 필요는 없다. 가격에 대한 소비자의 인식을 바꿔놓는데 비싸고 복잡한 기술이 필요하지는 않기 때문이다. 소비자가 현금을 쓰지 못하게 만드는 그 어떤 방법이라도, 가격 민감성을 낮춰줄 것이다. 카지노가 현금보다 칩을 사용하는 이유도 이 때문이다. 작고 둥그런 플라스틱 칩이 실제 돈처럼 느껴지지 않기 때문에, 도박하는 사람들은 칩을 갖고 도박할 때 좀 더 헤프게 쓴다.

브랜드 입장에서는 선불 기프트 카드 판매에 노력을 기울이는 것도 좋은 방법이다. 카지노 칩과 신용카드처럼, 선불 기프트 카드는 쇼핑객들을 현금으로부터 떨어뜨려놓는 하나의 방법이다. 실제로도 쇼핑객들은 현금보다 선불 기프트 카드로 결제할 때 돈을 더 펑펑 쓰는 경향이 있다.

## 2. 시각적인 요소로 전략을 확대하라

비접촉식 결제는 같은 가격이라도 소비자 눈에 더 싸게 보이게 만들 수 있는 수많은 방법 중 하나일 뿐이다. 가격 인식은 가격 전시 방법에도 영향을 받는다. 예를 들어 코넬환대연구센터Cornell Center for Hospitality Research 소속 연구원인 시빌 양Sybil Yang, 셔릴 카임스Sheryl Kimes, 마우로 세사레고Mauro Sessarego는 메뉴에서 가격표를 없애면 식당 매출이 8퍼센트 늘어난다는 사실을 입증했다. 가격표를 없애니 카드가 가격 부담을 덜 느끼게 만드는 것과 같은 효과를 낸 것이다.

고급 레스토랑은 오랫동안 이런 전략을 이용해왔지만, 바이런Byron 과 카페 루지Cafe Rouge 같은 체인점들은 이제서야 그 전략을 따라하기 시작했다. 하지만 그러한 매장도 여전히 소수에 불과하기 때문에 당신이 레스토랑을 운영하고 있다면 이런 변화를 통해 혜택을 볼 수 있다.

8퍼센트의 매출 증대가 보잘것없어 보일지 모르겠다. 그렇다면 앞의 전략을 실천하는 데 돈이 전혀 들어가지 않았기 때문에 늘어난 8퍼센트의 매출이 바로 순수익이라는 사실을 명심하라. 아울러 이 전략을 쓴다고 해서 다른 전략을 쓰지 못하게 되는 것도 아니다. 다양한 전략을 쓰면 매출이 단시간에 늘어난다.

### 3. 단수 가격 전략을 고려하라

단수 가격 전략charm pricing은 제품 가격의 끝자리를 홀수(단수)로 표시하여, 소비자로 하여금 제품이 저렴하다는 인식을 심어주어 구매 욕구를 부추기는 전략이다. 예를 들어 제품의 정상가격이 4파운드라면 3파운드 99펜스로, 40파운드라면 39파운드로 표시하는 것이다. 이렇게 하면 1펜스 혹은 1파운드의 작은 차이에도 불구하고, 가격대가 변함으로써 소비자는 그 차이를 더 크게 인식한다.

나는 650명의 소비자를 대상으로 6개의 개별 제품에 대한 가격 인식도를 조사해봤다. 그들 중 절반은 99펜스로 끝나는 가격을 봤고, 나머지 절반은 그보다 1~2펜스 더 높은 가격을 봤다. 단수 가격으로 표시된 제품이 그렇지 않은 제품보다 가치가 높다고 간주될 확률이 9퍼센트 더 높았다. 1퍼센트 가격인하로 얻을 수 있는 개선 효과는 상당히 크다.

오히려 나의 실험은 99펜스가 가진 힘을 과소평가했다고 해도 과언이 아니다. 실제 쇼핑 때 고객들은 급한 상태이기 때문에 이런 편향이 더 심화된다. 개발자가 소비자에게 직접 제품을 팔 수 있게 해주는 플랫폼 검로드Gumroad는 2013년에 자사 사이트에서 6달러 미만으로 팔리는 모든 제품을 분석해봤다. 단수 가격이 책정된 제품도 있었고, 아닌 제품도 있었다. 그들은 제품의 전환율, 즉 제품을 구매한 사람 수를 제품을 본 사람 수로 나눠서 비교해봤다. 그러자 단수 가격이 붙은 제품의 전환율은 3.5퍼센트였다. 1퍼센트 더 비싸게 가격이 책정된 제품의 전환율 2.3퍼센트보다 높았다. 51퍼센트가 차이가 났다.

단수 가격이 그렇게 효과가 큰 이유가 무엇일까? 한 가지 이유는 '왼쪽 자릿수 효과' left digit effect 때문이다. 우리는 왼쪽에서 오른쪽으로 글을 읽기 때문에 가격의 첫 번째 숫자에 과도한 중요성을 부여한다. 예를 들어 당신이 쇼핑을 하러 갔을 때 3파운드 99펜스 같은 가격은 3파운드로 기억할지 모른다.

하지만 시카고 대학과 MIT의 에릭 앤더슨 Eric Anderson 과 덩컨 시메스터 교수들은 '왼쪽 자릿수 효과'만이 이러한 현상의 유일한 요인은 아니라고 주장한다.

2003년, 두 교수는 가격이 옷 판매에 미치는 영향을 테스트하기 위해 통신 판매점과 손을 잡았다. 판매점은 3종류의 카탈로그를 만들었고, 4벌의 드레스 가격을 조정해놓았다. 기준 카탈로그에선 4벌의 드레스 가격을 각각 39달러, 49달러, 59달러, 79달러로 책정해놓았다. 이 경우에는 총 66벌의 드레스를 팔았다. 그다음 첫 번째 테스트 카탈로그에선 드레스 가격을 5달러 더 높게 표시했다. 즉 39달러짜리 드레스는 44달러로 적어놓았다. 그러자 판매량이 45벌로 감소했다. 또 다른 테스트 카탈로그에는 드레스 가격을 기준 카탈로그 가격보다 5달러 더 낮게 표시했다. 즉 39달러 드레스는 34달러로 표시했다. 이 경우 판매량은 46벌이었다.

왼쪽 자릿수 효과는 39달러짜리 드레스가 44달러짜리 드레스보다 더 많이 팔린 이유를 설명해주지만, 34달러짜리 드레스보다 많이 팔린 이유는 설명해주지 못한다. 또 다른 요인이 작용하고 있음이 분명하다. 가장 가능성이 높은 설명은 소비자가 9로 끝나는 가격의 세일에 반복적으로 노출된 결과, 그런 식의 가격이 붙은 물건을 보면 무작정 싸다고 생각한다는 것이다.

어떤 설명이 맞든 틀리든 간에 단수 가격 전략을 고려할 만한 강력한 이유가 있다. 언뜻 너무 당연한 소리처럼 들릴지도 모른다. 소매점들은 이미 수백 년 전부터 이런 전략을 써오지 않았는가? 맞다. 하지만 일부 소매점들은 단수 가격 전략을 외면하고 있다.

나는 홍보 컨설팅 회사 브랜드 뷰<sub>Brand View</sub>가 추적한 650건의 슈퍼마켓 가격을 분석한 끝에, 가격이 9보다 0으로 끝나는 제품 수가 3배가 더 많다는 사실을 알아냈다. 일부 슈퍼마켓은 적극적으로 9로 끝나는 가격을 피한다. 나는 추가로 세인즈버리에서 팔리는 528개의 물건 가격을 확인해보고, 그중 1.5퍼센트만이 9로 끝난다는 걸 알아냈다. 이는 우연히 9로 끝나는 가격을 책정하게 될 비율 10퍼센트보다도 훨씬 더 낮은 수준이었다.

단수 가격이 판매 증진 효과를 낼 수도 있지만 기업들이 항상 단수 가격을 적용하고 있지는 않다.

## 4. 납부 기간을 조작하라

소비자가 느끼는 결제의 고통을 최소한으로 줄여줄 수 있는 또 다른 방법은 납부 기간을 조정해주는 것이다. 나는 이 방법을 더 자세히 알아보기 위한 실험을 실시했다. 소비자 500명에게 마쓰다 자동차의 진짜 납부 조건을 보여준 뒤 다양한 기준에 따라 그 조건을 평가해보게 했다.

나는 소비자들에게 매일, 매주, 매달, 연간이란 4개의 기간으로 표시된 지불 방식을 보여줬다. 예를 들어 매일 4파운드 57펜스를 내거나, 매주 32파운드를 납부하는 방식이다. 모든 경우 연간 내야 하는 돈은 1,668파운드로 똑같았다.

결과적으로 사람들은 납부 기간이 짧을수록 계약 조건을 더 매력적이라고 생각한 것으로 드러났다. 연간 납부 금액보다 매일 납부 금액을 봤을 때 소비자들은 '훌륭한 계약'이라고 평가할 가능성이 5배 더 높았다. 월간 납부 방식과 비교했을 때도 매일 납부 방식이 좋거나 훌륭한 계획이라고 생각할 확률이 28퍼센트 더 높았다.

소비자들은 바람직한 계약이 뭔지 따져볼 때 언급된 총액에 과도하게 신경 쓰는 반면, 납부 기간은 너무 신경 쓰지 않는다. 이것이 얼마나 놀라운 일인지 생각해보자. 소비자들은 반복적으로 6 곱하기 4의 값이 4 곱하기 6의 값보다 더 적다고 생각하는 것 같다.

이런 결과는 자동차 제조업체들이 우선 관심을 갖겠지만 운동이든 모바일 기기든 자동차 보험이든 간에 어떤 브랜드 제품이든 시간을 기준으로 한 계약을 적용할 수 있다. 납부 기간을 줄였을 때 계약의 가치가 더 높아 보인다.

## 5. 이야기가 가진 힘을 이용하라

브랜드는 직설적 광고 문구의 효과가 가장 좋지 않다는 걸 알고 있다. 그래서 이야기를 통한 문구 전달의 필요성은 업계에서 통용되는 정설이다. 하지만 그럼에도 불구하고 대부분의 광고는 놀라울만큼 직설적이다. "1개 가격에 2개를 살 수 있다."라거나 "50퍼센트 할인한다."는 식이다. 이러한 직설적인 홍보 전략은 문제가 있다. 브랜드는 TV 광고를 할 때나 홍보를 할 때 이야기를 활용해야 한다.

그렇다는 걸 보여주는 증거는 2005년 미국에서 찾을 수 있다. 당시 많은 자동차 브랜드가 흥미로운 계약 조건을 제시했는데, 직원 할인가로 자동차를 팔겠다는 것이었다. 그러자 전례 없는 수준으로 판매량이 급성장했다. 어쩌면 당신은 이것이 그리 좋은 판매 전략이 아니라고 생각할 수도 있다. 사실 따지고 보면 판매 증진을 위한 가격 할인에 불과한 것 아니겠는가?

하지만 MIT와 켈로그 경영대학원 출신의 메그한 부세Meghan Busse, 덩컨 시메스터, 플로리안 제틀메이어Florian Zettelmayer는 조사를 통해 신기하고 이상한 점을 찾아냈다. 이전 몇 주 동안 자동차 회사들이 큰 폭으로 가격을 인하해왔기 때문에 직원 할인가가 딱히 좋은 조건이 아니라는 것이다. 오히려 일반 할인가보다 더 비싼 경우도 있었다.

학자들은 가격이 아니라 가격 신호price cue가 중요하다는 가설을 세웠다. 즉, 소비자는 실제 할인 자체보다는 계약에 얽힌 이야기에 더 반응했다는 것이다. 소비자가 브랜드를 신뢰하지 않을 때는 의심의 눈초리로 계약을 본다. 하지만 배경 이야기까지 듣게 되었을 때는 계약으로 이어질 가능성이 커진다.

홍보 전략을 고민할 때는 할인에만 의존해서는 안 된다. 숫자는 고객의 관심을 끌지 못한다. 우리 대부분은 타고난 통계 전문가가 아니다. 이야기가 훨씬 더 우리를 행동으로 이끈다.

그렇다고 소비자가 이야기가 얼마나 중요한지 인정할 것이라 기대해선 안 된다. 그들은 종종 언행이 일치하지 않는다. 바로 이어서 이런 불일치를 자세히 살펴보겠다.

# 7.
# 주장을 모은
# 데이터가 가진 위험

모두가 거짓말을 할 때 어떻게 진실을 알 수 있을까

아침 시간을 바쁘게 보낸 당신은 이제 좀 쉬려고 한다. 영국 신문《가디언》지가 선보인 온라인 데이트 사이트 소울메이트<sub>Soulmates</sub>에 접속해서 메시지를 확인한다. 메시지는 2개밖에 없다. 딱히 눈길이 가지 않는다. 그래서 답장하지 않는다.

당신은 기대했던 것만큼 데이트 문의를 많이 받지 못하고 있다. 혹시 프로필을 갱신해야 할까? 그래서 기존 사진을 더 돋보이는 사진으로 바꾼다. 몇 년 전에 찍은 거지만 상관없다. 다음에는 무엇을 바꿀까? 모두가 프로필을 부풀려서 문제다. 당신 프로필을 본 사람도 아마 당신도 그렇게 했을 것이라 생각할 것이다. 솔직한 프로필을 올려놔도 진심을 전달하기가 쉽지 않다.

당신은 키를 몇 인치 더 높여 개인정보를 수정한다. 너무 심하게 과장한 것 같아서 그냥 실제보다 1인치만 더 높게 키를 수정한다. 이어서 직함도 바꾼다. 이미 과장 일을 하고 있는 셈이니, 과장이라고 해놓는 게 최선의 선택일지도 모른다.

절대로 당신만 프로필을 최대한 부풀리지는 않았을 것이다. 데이트 사이트 오케이 큐피드<sub>OK Cupid</sub>의 창업자 크리스천 러더<sub>Christian Rudder</sub>는 회원 151만 명의 프로필을 분석한 뒤 거짓말의 증거를 찾아냈다.

남성 회원은 같은 나이대 남성에 비해 연소득이 10만 달러를 넘는다고 주장할 가능성이 4배 이상 높았다. 또한 남성 회원의 키가 같은 나이대의 남성 평균보다 2인치 더 컸다.

러더는 사이트에 올라온 프로필 사진이 촬영된 시기를 조사했다. 말 그대로 혁신적인 조사였다. 디지털 카메라가 사진을 찍을 때는 사진 파일에 EXIF 메타데이터라는 문자 태그가 붙는다. 이 태그는 사진이 찍힌 날짜와 시간을 알려준다. 러더는 사진이 찍힌 시점이 평균 92일 전이었지만 '가장 인기가 높은' 걸로 평가되는 사진이 찍힌 시점은 그보다 훨씬 더 오래 전이라는 사실을 알아냈다.

## 섹스, 거짓말 그리고 조사 자료

러더의 연구 결과가 회원들이 거짓말을 한다는 사실을 시사해줬다면, 성적 태도와 생활양식에 대한 전국 조사NATSAL, National Survey of Sexual Attitudes and Lifestyle는 카테고리별로 그렇다는 사실을 확인해준다.

유니버시티 칼리지 런던UCL과 런던 위생 열대 의학대학원이 1만 5,000명을 대상으로 실시한 내용을 살펴보자. 2010년 실시된 이 조사에서 영국의 여성 이성애자는 평균적으로 섹스 파트너가 8명이라고 인정했다. 남성의 경우 12명이었다. 이런 차이가 생기는 이유는 논리적으로 설명이 불가능하다. 남녀 모두가 진실을 말하고 있다면, 남녀의 평균이 일치해야 하기 때문이다.

이러한 모든 조사 결과는 고객을 이해하려고 애쓰는 광고주에게 문제가 생겼음을 의미한다. 광고주가 소비자가 하는 말을 무비판적으로 수용할 경우 소비자의 마음을 제대로 이해할 수 없게 된다.


## 사람들은 자신의 진짜 마음을 모른다

사람들은 종종 자신의 진짜 동기를 모를 때가 있는데, 그러면 상황은 더 복잡해진다. 이것은 아드리안 노스Adrian North 레스터 대학 심리학과 교수의 주도로 실시된 실험을 통해 입증됐다.

노스는 2주 동안 슈퍼마켓 와인 코너에서 배경 음악으로 전통 독일 뿜빠뿜빠(금관 악기들이 내는 소리를 나타낸 것―옮긴이) 음악과 프랑스 아코디언 음악을 교대로 튼 후 프랑스나 독일 와인을 구입한 소비자들을 조사해봤다. 아코디언 음악이 연주됐을 때는 전체 와인 판매량 중 77퍼센트가 프랑스 와인이었다. 반면에 뿜빠뿜빠 음악을 틀었을 때는 독일 와인의 판매 비중이 73퍼센트로 올라갔다.

이런 차이는 음악이 구입하는 와인의 종류를 결정하는 데 중요한 영향을 미쳤다는 걸 보여준다. 하지만 불과 2퍼센트의 소비자만이 음악이 와인 선택에 영향을 미쳤다는 사실을 자발적으로 인정했다. 배경 음악이 흘러나오고 있었다는 말을 들었을 때조차, 소비자의 86퍼센트는 음악이 선택에 전혀 영향을 주지 않았다고 주장했다.

그렇다고 소비자가 거짓말을 한 건 아니다. 그보다 와인 구입 동기를 의식하지 못했기 때문이다. 그들이 제시한 이유들은 사후합리화, 즉 심리학적 용어로 '작화'作話(자신의 공상을 실제 일처럼 말하면서 그것이 허위임을 인식하지 못하는 것 — 옮긴이)에 불과했다. 《바른 마음》의 저자인 조너선 하이트 교수는 "실제는 기자회견실을 대통령 집무실로 여기는 게 합리적 마음이다."라고 말했다. 기억할 만한 말이다.


## 어떻게 현장에 적용할까

### 1. 거짓말에서 배우기

거짓말이 조리에 맞을 수 있다. 남녀의 섹스 파트너 수를 조사한 NATSAL의 연구를 예로 들어보자. 남녀의 파트너 수가 사실은 아니지만, 이는 성관계에 대한 남녀 간 인식의 차이를 드러내준다. 남성은 자신의 성관계를 과장하지만, 여성은 반대로 축소한다. 남녀 간 비율의 변화도 중요한 의미를 갖는다. 즉, 1990년에 남성은 여성보다 섹스 파트너가 2배 더 많다고 주장했다. 200퍼센트 차이가 났다. 그런데 2010년 조사 때는 이 차이가 50퍼센트로 떨어졌다. 성별에 따른 차이가 줄어든 것이다.

통계가 명백한 사실은 아니다. 통계는 산출, 분석, 조사를 거쳐야 하며, 액면 그대로 믿어서는 안 된다. 하지만 더 깊이 파고들어가 보면 그

안에서 통찰을 얻을 수 있다.

## 2. 조사 수정하기

《타임스》지의 해외 특파원 루이스 헤렌Louis Heren은 이런 충고를 했다. "정치인이 확신을 갖고 어떤 얘기를 해줬을 때 항상 '왜 이 거짓말쟁이가 내게 거짓말을 하고 있는 거지?'라고 자문하라." 그는 이런 의심을 갖고서 정치인을 만나 사실을 밝힐 때까지 캐묻고 추궁했다.

마찬가지다. 당신도 속을 준비를 하고 그에 맞춰 조사를 설계해야 한다. 이때 유용한 몇 가지 기술이 있다. 첫째, 응답자에게 다른 사람들이 어떻게 행동할 거라고 생각하는지 묻는 걸 고려해봐라.

나는 사람들이 소셜미디어에 꾸며서 올려놓은 이미지에 불만을 느끼는지 알아볼 때 이 방법을 썼다. 내가 조사한 소비자 300명 중 26퍼센트는 실제보다 더 행복하거나 성공한 척을 한 적이 있다고 대답했다. 또한 3명 중 1명이 좀 넘는 비율의 응답자가 소셜미디어에서 다른 사람이 성공한 걸 보고 불만을 느꼈다고 답했다.

3명 중 1명이면 표본에서 꽤 큰 비율에 해당하지만, 나는 실제로는 불만을 느낀 사람이 더 많을 것이라 직감했다. 조사 참가자는 자신이 긍정적인 이미지를 줘야 한다는 압박을 받기 때문이다. 심리학자들은 이처럼 여론조사나 설문조사 등에서 응답자가 다른 사람에게 좋은 인상을 주기 위해 답을 하는 경향을 '사회적 선망 편향'social desirability bias이라고 부른다.

이런 편향을 염두에 두고서 나는 두 가지 질문을 추가로 던졌다. 하나는 "당신은 다른 사람들이 긍정적인 소셜미디어 이미지를 과도하게 공들여 만들었다고 믿습니까?"란 질문이었다. 두 번째는 "다른 사람들이 그렇게 이상화시킨 이미지를 보고 슬퍼했습니까?"란 질문이었다.

이런 식의 변형된 질문을 받은 사람들은 '프로필 세탁'을 했다는 사실을 인정할 가능성이 훨씬 더 높았다. 60퍼센트는 친구들이 소셜미디어에서 실제보다 더 행복한 척한다고 주장했다. 그리고 3분의 2 정도가 다른 사람들이 소셜미디어에서 친구들이 이룬 성공을 보고 가끔 슬퍼한다는 데 동의했다.

나는 이런 질문들이 응답자들로 하여금 보다 솔직한 대답을 내놓게 만들기 때문에 더 정확한 결과를 얻을 수 있다고 본다.

## 3. 묻지 말고 관찰하라

거짓말과 작화 때문에 질문을 통해 얻은 대답은 불만족스럽다. 보다 정확한 대안은 사람들의 행동을 관찰하는 것이다.

이때도 여전히 조사가 필요할 수 있다. 단, 이때 '방 나누기'를 통해 조사 참가자들에게 질문의 목적을 숨기는 게 중요하다. 이 기술은 조사 표본을 무작위로 다른 방이나 집단으로 나눈 다음, 각 집단에게 약간씩 변형된 질문을 던지는 것이다. 앞에서 나온, 납부 기간의 차이가 계약에 어떻게 영향을 주는지 알아보려고 내가 실시한 조사를 다시 생각해보라. 나는 당시 조사 때 '방 나누기 방법'을 썼다. 참가자들 중 누구도 조사 때 각자가 조금씩 다른 질문을 받았다는 사실을 몰랐다.

더 나은 방법은 조사를 하지 말고 실제 상황에서 사람들의 행동을 관찰하는 것이다. 영국의 브랜드 뉴룩 New Look 이 내보낸 광고를 예로 들어보자. 뉴룩은 남성복 출시 계획을 세우고 있었다. 처음에는 예산이 적어 간단한 발표만 할 작정이었다.

나는 여성복 브랜드 이미지가 강한 뉴룩에서 옷을 사기 꺼려하는 남성들의 거부감을 극복하려면 소규모 광고만으로는 역부족이라고 생각했다. 하지만 이것은 내 직감이었고, 우리에겐 조사를 할 예산이 없었다.

다른 방법을 알아보던 나와 동료 딜런 그리피스 Dylan Griffiths 는 광고 대행사 출신 지원자 6명을 모집해, 두 차례에 걸쳐 그들의 사진을 찍었다. 첫 번째는 브랜드 로고가 선명히 새겨진 뉴룩 플라스틱 가방을 들고 있는 사진이었고, 두 번째는 영국 남성 패션 브랜드인 톱맨 Topman 가방을 들고 있는 사진이었다. 우리는 이 사진들을 회원 사진의 등급을 매기는 데이트 사이트 바두 Badoo 에 올렸다. 사이트에 2주 동안 사진들을 올려놓은 후 등급 평가를 기다렸다.

지원자들이 톱맨 가방을 들고 있었을 때보다 뉴룩 가방을 들고 있었을 때 20~25퍼센트 덜 멋져 보인다는 평가를 받았다. 브랜드의 이미지가 내가 의심했던 것보다 구매에 더 큰 영향을 미치며, 남성들에게 뉴룩이 유니섹스 브랜드임을 설득시키기 위해선 더 큰 노력이 필요하다는 걸 확인했다.

마지막 방법은 소비자들이 일상에서 무심코 만드는 데이터를 활용하는 것이다. 이 데이터는 사회적 선망 편향에 의해 더럽혀지지 않았기 때문에 매우 유용하다. 자신이 주시 받고 있다는 사실을 의식하지 못하므로 사람들은 자연스럽게 행동한다.

검색은 접근성이 가장 좋은 데이터 소스다. 검색 데이터를 분석하면 소비자들이 조사에 참여했을 때 인정하기 싫어할 수 있는 속마음을 얻게 된다. 성차별 문제를 생각해보자. 사람들 대부분이 성별과 관계없이 자식들의 지능에 똑같이 관심이 있다고 주장한다. 하지만《뉴욕타임스》기자이자 데이터 과학자인 세스 스티븐스 다비도비츠Seth Stephens-Davidowitz가 미국의 검색 데이터를 분석한 끝에, 부모들이 구글에서 "내 딸이 재능이 있는가?"보다 "내 아들이 재능이 있는가?"를 검색해보는 경우가 2.5배 더 많다는 사실을 알아냈다. 구글은 우리가 감추는 모든 생각을 잡아내는 현대판 고해실이다.

하지만 광고주가 이렇게 풍부한 데이터층을 채굴하는 경우는 극히 드물다. 내가 좋아하는, 공짜로 이용 가능하나 사람들은 잘 모르는 검색 도구 중 하나가 앤서더퍼브릭answerthepublic.com이다. 이 사이트는 당신이 단어를 입력하면 '누구·무엇·어떻게·언제' 같은 의문사가 포함된 가장 일반적인 검색 문자열을 알려준다. 이것은 소비자들이 당신의 카테고리에 대해 진정으로 어떤 생각을 하는지 이해할 수 있는 매우 간단하면서도 빠른 방법이다.

예를 들어 '비타민'이란 단어를 입력하면, 사람들이 비타민 C나 D처럼 비타민 종류를 검색하는 경우가 별로 없다는 걸 알게 될 것이다. 그보다는 근력을 강화시키거나 머리카락에 윤기를 내는 데 도움을 주는 등의 효능에 따라 비타민을 검색한다. 이것은 비타민 브랜드에게 유용한 통찰이다. 비타민에 들어 있는 특정 성분이 아니라, 해결해주는 문제에 따라 비타민에 라벨을 붙이고 포장해야 한다는 뜻이기 때문이다.

## 4. 관측된 데이터는 완벽하지 않다

관측된 데이터 observed data 는 조사의 질을 크게 개선시킨다. 하지만 이것은 절대 완벽하지 않고, 여전히 신중하게 해석해야 한다.

소셜미디어 데이터를 생각해보자. 브랜드는 고객 프로필을 이해하기 위해 페이스북 고객 데이터를 정기적으로 분석한다. 하지만 이 데이터가 항상 현실을 정확하게 반영해 보여주는 것은 아니다. 스티븐스 다비도비츠의 연구 사례는 이런 문제를 잘 보여준다. 그는 가수 케이티 페리 Katy Perry 페이스북에서 팬의 성별을 살펴본 후, 압도적으로 다수가 여성이라는 사실을 알아냈다. 하지만 음악 스트리밍 서비스인 스포티파이 Spotify 의 청취 데이터는 남녀 회원 수가 균형이 잡혀 있다는 걸 보여줬다. 남녀 모두가 케이티 페리를 톱 10 아티스트로 보고 있었다. 음반 회사가 1차 홍보 대상을 알아보려고 페이스북 자료를 사용했다면 잘못된 자료를 사용한 것이 된다.

그렇다면 새로운 데이터 스트림을 쓰레기로 간주하고 무시하는 게 최선인가? 절대 그렇지 않다. 관측된 데이터는 주장을 모은 데이터보다 개선됐지만, 여전히 결점이 있다. 고객들을 이해하기 위해선 다양한 기술을 활용한 균형 잡힌 전략이 필요하다. 각 기술이 같은 이야기를 말해준다면, 그 관측된 데이터는 더욱 믿을 수 있다. 만약 충돌한다면 우리는 모순을 설명하기 위한 가설을 만들어야 한다.

다시 케이티 페리의 사례로 돌아가자. 간단히 설명하자면 남녀 모두가 그녀의 노래를 듣기 좋아하지만, 그녀의 팬 중에 다수가 여성임이 더 쉽고 공개적으로 드러났다. 음반사가 케이티 페리의 노래를 팔거나 스트리밍을 권하고 싶다면 스포티파이 데이터가 이상적일 수 있다. 하지만 페리의 콘서트를 홍보하고 싶다면 페이스북 통계를 이용하는 게 더 낫다. 어떤 데이터든 절대적으로 적절하지는 않다. 특정 환경에서만 적절할 뿐이다.

브랜드가 고객의 마음을 더 잘 분석하기 위해 이런 기술을 학습한 덕에 소비자의 기분이 좋아지면 마케팅 효과가 극대화될 것이다. 그럴 경우 소비자는 조심해야 한다. 광고주의 감언에 더 쉽게 영향을 받을 수 있어서다. 다음 키워드에서 왜 그런지를 살펴보겠다.

# 8.
# 기분

**소비자의 기분에 맞춰 광고를 했을 때의 이점**

욕설을 내뱉으며 당신이 전화기를 쾅 내려놓는다. 전화 회의에 참가한 고객이 완전히 비현실적인 사람이었기 때문이다. 아니, 비현실적이라는 건 잘못된 말이다. 상대하기 불가능한 사람이었다.

당신은 합의 내용을 철회하기 위해 이메일을 쓰기 시작한다. 하지만 이메일을 보내놓고 후회할까봐 걱정이 돼서 짜증이 난다. 그래서 대신 코트를 입고 신선한 공기를 마시러 밖으로 나간다. 아마도 그렇게 하면 마음이 진정될지 모른다고 생각해서다.

당신은 쿵쿵거리며 계단을 내려가 응접실로 향한다. 가는 내내 머릿속으로는 이메일을 고쳐 쓰고 있다. 그런데 불행하게도 계단을 내려가는 동안 오랫동안 연락하고 싶었던 옛 친구가 응접실에 앉아 있는 걸 알아보지 못한다.

프레드 브론너Fred Bronner 암스테르담 대학 미디어·광고 조사과 교수는 우리의 인식 능력에 기분이 미치는 영향에 대해 알아봤다. 브론너는 1,287명의 참가자를 대상으로 신문을 대충 넘겨본 다음에 기억나는 광고가 있느냐는 질문에 답변해줄 것을 요청했다.

참가자들의 기분에 따라 데이터를 나눠보니 결과가 확실했다. 마음이 편한 사람들은 신문에 실린 56퍼센트의 광고를 기억했다. 스트레스를 받은 사람들은 36퍼센트의 광고만 기억했다. 마찬가지로 "하루를 진짜 멋지게 보냈다."는 말에 전적으로 동의하는 사람들은 46퍼센트의 광고를 기억했다. 반면에 이 말에 전혀 동의하지 않는 사람들은 26퍼센트의 광고만 기억했다. 마음이 편안하거나 기분이 좋은 소비자들이 광고에 주목할 가능성이 훨씬 더 높았다.

## 기분이 기억에만 영향을 미치는 것은 아니다

나는 동료 로라 매클린과 함께 사람들이 기분이 좋을 때 광고에 더 잘 주의를 기울인다는 걸 보여주는 실험을 실시했다. 단 두 가지 질문으로 하는 간단한 실험이었다. 첫째, 우리는 2,035명의 사람들에게 광고 1편을 보여준 뒤, 광고가 얼마나 마음에 들었는지를 물었다. 이어 우리는 사람들에게 광고를 본 순간 기분이 0점(우울하다)부터 10점(아주 행복하다)까지 중 어디에 해당하는지 평가해달라고 부탁했다.

이 결과는 큰 의미가 있었다. 소비자들이 행복해할 때(우리 기준에 7점 이상), 그들 중 21퍼센트가 광고를 좋아했다. 반면에 불행한 사람들(6점 이하) 중엔 13퍼센트만이 광고를 좋아했다. 광고를 좋아하는 사람이 62퍼센트 더 많았다.

우리 실험만 이런 결과가 나온 건 아니었다. 지금은 사라진 포털 사이트 야후Yahoo는 성인 600명에게 1주일 동안의 기분을 스마트폰 일기에 작성해줄 것을 요청했다. 그 결과 기분이 좋을 때의 소비자는 24퍼센트 더 콘텐츠에 수용적인 태도를 보인다는 사실이 드러났다. 영국 야후의 상무이사를 지낸 니겔 클락슨Nigel Clarkson은 이렇게 말했다.

> 디지털 마케터는 모두 적절한 때에 적절한 기기로 적절한 사람에게 접근하는 게 얼마나 중요한지 잘 알고 있다. 하지만 '적절한 때'는 소비자가 그 순간에 보고 있는 웹페이지 이상의 의미를 갖는다. 우리는 소비자의 감정도 감안하기 위해 노력해야 한다.

하지만 소비자가 광고에 더 수용적으로 변한 이유는 무엇일까? 노벨상을 수상한 심리학자 대니얼 카너먼은 이런 현상을 진화론적 차원에서 설명해야 한다고 주장한다. 기분이 좋을 때는 위험을 느끼지 못해서 비판적으로 생각하려는 욕구가 완화된다는 것이다. 따라서 우리는 행복할 때 광고 메시지를 잘 수용할 가능성이 훨씬 높다.

## 어떻게 현장에 적용할까

### 1. 소비자가 행복할 때를 공략하라

사람들은 기분이 좋을 때 광고를 더 잘 기억하기 때문에 브랜드는 이 순간을 노려야 한다. 기회는 많다. 첫째, 즐길 수 있는 활동을 하고 있는 소비자를 공략하는 방안을 검토하라. 소비자는 출퇴근할 때보다 영화를 볼 때 더 기분이 좋을 가능성이 크다.

둘째, 소비자가 하루 중 가장 행복한 시간대를 찾아라. 예를 들어 영국광고인협회이자 전문 교육기관인 IPA는 5,000명의 소비자들에게 매일 느끼는 기분을 기록해줄 것을 요청했다. 기록 내용을 자세히 뜯어보니 금요일과 일요일 사이에 기분이 좋을 가능성이 컸다. 특히 토요일에 기분이 가장 좋았는데, 이때는 다른 날에 비해 기분이 좋을 가능성이 40퍼센트 더 높았다. 소비자가 이렇게 더 행복해하는 순간에 광고를 집중하기가 비교적 쉽다.

## 2. 소비자가 행복한지 알 때 공략하라

하지만 이러한 기술의 효과는 어설프다. 이 기술은 사람들이 더 행복할 때를 찾아내지만, 개인의 기분까지는 확실히 알아내지 못한다.

그러나 이런 문제도 해결되기 시작했다. 디지털 신호가 소비자 행복의 여부를 알려줄 수 있다. 예를 들어 스니커즈Snickers 막대 초콜릿 개발자가 최근에 행복감이나 지루함이나 스트레스를 느끼는 사람들이 간식을 찾을 가능성이 높다며, 그런 기분에 맞춘 광고를 내보내기 시작했다. 스니커즈는 구글의 광고 서버인 더블클릭DoubleClick이 포착한 정보를 발굴해서 소비자가 느끼는 이런 기분들을 찾아냈다.

조사 영역에서 특히 흥미로운 점은 웹사이트들이 마우스 움직임을 통해 감정을 파악할 수 있는 것이다. 제프 젠킨스Jeff Jenkins 브리검 영대학 정보시스템학과 부교수는 271명의 참가자를 대상으로 이 주제와 관련해 세 차례 실험을 했다. 젠킨스 교수가 이끄는 팀은 실험 참가자들의 감정을 조작한 뒤에 그들이 상업용 사이트를 검색할 때 어떻게 마우스를 움직이는지 추적했다. 그들은 참가자들의 기분이 나쁠 때 마우스 움직임이 더 들쭉날쭉하고 갑작스럽다는 사실을 알아냈다. 젠킨스는 이렇게 주장했다.

> 이 기술을 사용하면 웹사이트는 더 이상 멍청하게 굴지 않아도 된다. 웹사이트는 단순히 정보를 제공하는 차원을 벗어나 당신을 느낄 수 있게 된다. 또 당신이 제공하는 정보뿐만 아니라 당신의 감정까지 이해할 수 있다.

### 3. 광고 문구를 소비자 기분에 맞춰라

기분 공략은 단지 소비자가 기분이 아주 좋을 때만 다가가는 게 아니다. 광고 문구를 소비자의 기분에 맞추는 것이다. 그래야 광고 효과가 좋다는 걸 보여주는 증거가 있다. 케이스 윌콕스Keith Wilcox 컬럼비아 경영대학원 마케팅과 교수는 2015년에 142명의 참가자를 대상으로 정서일치 효과mood-congruence effect(슬프거나 우울할 때는 즐거운 정보보다 불쾌한 정보를 더 잘 기억하듯, 현재 경험하는 기분에 맞는 정보를 더 잘 기억하는 현상—옮긴이)를 알아보는 실험을 실시했다.

참가자들은 아인슈타인 다큐멘터리에 나오는 평범한 장면이나 1979년 영화《챔프》The Champ에 나오는 가슴이 미어지는 장면 중 하나를 봤다. 이렇게 두 장면을 본 뒤 아주 활력이 넘치는 광고나 적당히 활력이 넘치는 광고 중 하나를 보았다. 광고 분위기가 자기 기분에 맞지 않았을 때 참가자들은 광고에 신경을 덜 썼다.

윌콕스는 이렇게 말했다.

> 무기력하거나 슬플 때 활력이 넘치는 광고를 보면 거북하다. 그런 상태에서는 활력이 넘치는 광고를 덜 보게 되므로 광고의 효과도 떨어진다.

윌콕스는 이 연구 외에도 다섯 차례 유사한 연구를 통해 슬픈 기분을 느끼게 만든 사람들은 아주 활력이 넘치는 광고보다, 적당히 활력이 넘치는 광고에 50퍼센트 더 잘 반응한다는 사실을 알아냈다. 이 실험은 광고주가 광고 분위기에 맞는 소비자의 기분을 찾아내야 한다는 걸 시사한다.

소비자를 기분 좋게 만드는 한 가지 방법은 싸게 샀다는 기분이 들게 만드는 것이다. 하지만 싸게 샀다는 게 정확히 무슨 뜻인가? 다음 키워드에서는 물건을 싸게 샀다는 생각이 드는지의 여부가 비교 대상에 따라 달라진다는 걸 알게 될 것이다.

# 9.
# 가격 상대성

비교 대상을 바꿔 당신의 브랜드가
더 가치 있어 보이게 만드는 기술

배가 고파진 당신은 간식을 사러 슈퍼마켓으로 간다. 감자칩 매대로 가서 팀원들과 함께 먹을 만큼 양이 많은 제품을 찾는다. 타이렐스 솔트앤비네거 Tyrell's Salt & Vinegar 감자칩을 좋아하지만 비싸다. 월커스 Walkers 감자칩 가격의 2배다. 하지만 월커스 감자칩은 덜 바삭거린다. 당신은 잠시 고민하다가 테스코 피네스트 Tesco Finest 감자칩을 발견한다. 월커스 감자칩보다 바삭하지만 타이렐스 감자칩보다 가격은 싸다. 선택은 끝났다.

감자칩 매대에서 한 선택처럼 당신은 한 가지 제품만 보고 고르지 않는다. 제품은 절대적 기준이 아니라 다른 제품과 비교했을 때 뜨겁거나 차거나, 길거나 짧거나, 싸거나 비싸다. 이런 비교는 심지어 우리가 사물을 보는 방식에도 중요한 영향을 미친다.

1890년대에 헤르만 에빙하우스 Herman Ebbinghaus 베를린 대학 심리학과 교수는 다음 105쪽에 나오는 착시를 일으키는 유명한 점들을 만들었다.

왼쪽과 오른쪽의 그룹에서 가운데 있는 동그란 점의 크기는 양쪽 다 똑같다. 하지만 실제로는 그렇게 보이지 않는다. 우리가 지각하는 가운데 점의 크기는 비교 대상에 따라 달라진다. 큰 점들과 비교하면 크

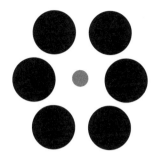

기가 작아 보이는 반면, 작은 점들과 비교하면 훨씬 커 보인다. 심리학자들은 이런 착각뿐만 아니라 이와 유사한 다른 착각에 대해 지대한 관심을 보였다. 예를 들어 대니얼 카너먼은 초기에 착각에 대한 연구에 집중했다. 이러한 주제가 대단히 흥미로운 이유는 시각적 착각도 있지만 인지적 착각도 존재하기 때문이다.


## 슈퍼마켓에서 일어나는 가격 착각

내가 실시한 일련의 실험은 머리가 하는 가치 인식도 눈이 하는 크기 인식만큼 상대적임을 밝혀준다. 지난 몇 년 동안 나는 수천 명의 소비자에게 다양한 브랜드들의 가치 평가를 의뢰했다. 그들의 대답은 한결같이 비교 대상 제품에 영향을 받았다.

어떤 테스트에서 나는 소비자들에게 티백 브랜드인 PG 팁스<sub>Tips</sub>의 250그램짜리 박스 제품 가격이 2파운드 29펜스이고, 같은 무게의 테스코 자체 브랜드 제품 가격은 1파운드라고 말해줬다. 이 경우 소비자들의 31퍼센트는 PG 팁스 제품이 값어치를 한다고 생각했다. 나는 이어서 또 다른 소비자들에게 비교 대상 제품을 바꿔서 같은 질문을 던졌다. 즉, PG 팁스 제품을 테스코 자체 브랜드 제품이 아니라 가격이 3파운드 49펜스인 트와이닝스Twining's 제품과 비교했다. 이 경우 PG 팁스 제품이 값어치가 있다고 생각한 소비자 비율은 65퍼센트로 2배 높아졌다. 아이스크림으로 한 실험도 결과가 비슷했다.

우리가 내리는 판단의 상대성은 최소한의 고민을 하고 사는 값어치가 떨어지는 제품에만 국한되지 않는다. 별도의 조사에서 나는 사람들에게 포드 몬데오Ford Mondeo 가격은 2만 495파운드지만, BMW 5시리즈 가격은 3만 265파운드라고 말해줬다. 이 경우 불과 소비자 33퍼센트만이 BMW의 값어치가 괜찮거나 아주 높다고 생각했다. 나는 이어 또 다른 비슷한 소비자 집단에게 같은 질문을 던졌다. 단, 이때는 포드 몬데오 대신 가격이 11만 8,651파운드인 벤틀리 플라잉 스퍼Bentley Flying Spur와 비교했다. 이때 47퍼센트의 소비자가 BMW 값어치가 괜찮다고 평가했다. 내가 실시한 모든 자동차 테스트 결과가 동일했다. 즉, 더 가격이 높은 브랜드와 비교될 경우 비싼 차조차 값어치가 있어 보인다.

## 경쟁 대상에 따라 가치가 달라진다

비교 집단에 속한 경쟁 대상을 바꿈으로써 가치 인식에 변화를 줄 수 있다. 나는 소비자가 제품에 대해 지불할 용의가 있는 최고 가격인 '지불용의 가격' willingness to pay 도 바뀔 수 있는지를 알아보고 싶었다.

나는 킹코브라 King Cobra 맥주를 갖고 동료들과 실험해봤다. 킹코브라 맥주는 알콜 함량 7.5퍼센트의 도수가 높은 인도 맥주로, 와인병과 같은 크기에 담겨 팔린다. 용량은 750밀리리터다.

약간의 속임수가 필요했다. 나는 동료들에게 우리가 고객을 위해 시음을 해봐야 한다고 알렸다. 서로 다른 6종의 술과 함께 두 차례에 걸쳐 별도의 시음 행사를 주최했다. 행사 참가자들은 0점에서 10점까지로 술맛을 평가한 후, 슈퍼마켓에서 산다면 적정 가격이 얼마라고 생각하는지 말해줬다.

각 시음 행사 때 킹코브라 맥주는 다른 종류의 술과 같이 제공됐다. 첫 번째 행사 때는 병맥주와 함께, 두 번째 행사 때는 와인과 함께 제공됐다. 함께 제공되는 술은 사람들이 생각하는 코브라 맥주의 적정 가격에 상당한 영향을 미쳤다. 병맥주와 같이 제공됐을 때 사람들이 제시한 킹코브라 맥주의 적정 가격은 3파운드 75펜스였다. 하지만 와인과 같이 제공됐을 때는 가격이 4파운드 80펜스로, 28퍼센트가 올라갔다.

와인과 같이 있었을 때 킹코브라 맥주의 지불용의 가격이 올라갔다.

이는 맥주와는 다른 종류의 비교 대상이었기 때문이다. 와인 한 병 가격으로 5파운드 정도를 내는 건 용인할 수 있지만, 라거맥주 한 병을 사는 데 그만큼의 돈을 내겠다고 하는 사람은 거의 없을 것이다. 시음 행사 참가자들이 킹코브라 맥주의 적정 가격을 추정했을 때, 그들은 다른 와인이나 라거맥주의 가격을 기준으로 삼고 추정을 시작했다. 그들은 그 기준을 맹종하지 않았지만, 크게 벗어나지도 않았다.

킹코브라 맥주에 와인 느낌을 더 많이 주기 위해 포장을 바꾸거나 맥주가 팔리는 장소를 전환하는 식으로 이 실험 결과를 이용할 수 있다. 킹코브라 맥주를 와인 매대 아니면 더 비싼 제품을 구비해놓는 슈퍼마켓에서 팔 수도 있다. 750밀리미터 병에 도수가 높은 맥주 한정판을 넣어 팔면 새로운 맥주 가격 기준이 확립될 수도 있다.


## 어떻게 현장에 적용할까


### 1. 경쟁 대상을 바꿔라

브랜드는 그들의 비교 대상이 '당연히' 미리 정해져 있다고 믿어서는 안 된다. 내가 한 실험들은 비교 대상을 바꿈으로써 상당한 이득을 볼 수 있다는 걸 보여준다. 에너지 드링크 브랜드 레드불Red Bull과 커피 브랜드 네스프레소Nespresso 같은 브랜드가 겪은 경험도 그러한 사실을 입증해준다.

네스프레소를 예로 들어보자. 이 회사는 한 컵 분량의 커피를 개별 포장한 파드Pod 커피를 판다. 네스프레소가 이런 식으로 커피를 팔기 때문에, 우리는 파드 커피 가격을 코스타Costa나 카페 네로Caffe Nero처럼 컵 커피를 파는 다른 매장 커피 가격과 비교할 수 있다. 코스타 커피가 2파운드 50펜스인데 반해, 30~37펜스에 불과한 네스프레소 파드 커피 가격은 싸게 느껴진다.

하지만 네스프레소가 출시된 시기를 잠시 떠올려보자. 네스프레소가 일반적인 포장 방식으로 커피를 팔았다면 당연히 비교 대상은 테일러스Taylor's나 일리illy처럼 굽거나 굵게 간 커피를 파는 브랜드였을 것이다. 네스프레소 커피 가격은 227그램에 4파운드 정도인 다른 커피를 기준으로 판단됐을 것이다. 수천만 파운드를 들여 광고했더라도 소비자에게 네스프레소 454그램짜리 커피를 34파운드에 사라고 설득할 수는 없었을 것이다. 하지만 34파운드는 그램당 7펜스로, 지금 그들이 파는 파드 커피 가격과 정확하게 일치한다.

네스프레소 입장에선 비교 대상 제품을 바꿔서 얻을 수 있는 혜택이 가히 천문학적이었다. 블룸버그 통신 기사는 네스프레소의 2015년 연매출이 40억~50억 달러에 달한다고 추정했다.

네스프레소만 이렇게 한 게 아니었다. 레드불이 다른 청량음료보다 어떻게 더 비싸게 팔 수 있었는지 생각해보자. 오길비 앤 매더 그룹 부사장인 로리 서더랜드는 이렇게 말한다.

코카콜라 가격이 50펜스인데 어떻게 레드불 가격은 1파운드 50펜스나 될 수 있을까? 기묘하게도 캔 크기도 더 작다. 사람들이 갑자기 레드불을 다른 기준의 소매가격이 적용되는 카테고리의 음료로 간주하기 시작했다. 캔 크기가 똑같았다면 레드불이 1파운드 50펜스의 가격을 책정했으리라고 확신할 수 없다. 논리적으로 말이 안 된다. 조사해봐도 그렇다. 조사해보면 우리 모두 이상적 제품을 찾느라 상당한 시간과 노력을 기울이고, 과도할 정도로 합리적인 척하기 때문이다.

주류 회사들은 어떻게 맥주와 구분할 수 없는 술을 병에만 넣어 2배 가격으로 파는 걸까?

불행하게도 가격 상대성을 보여주는 모든 사례가 브랜드에 긍정적인 것만은 아니다. 화상회의 사례를 예로 들어보자. 로리 서더랜드는 이렇게 말했다.

화상회의는 주목받지 못했다. 돈 안 들이고 출장을 대체하는 방식이라는 생각이 굳어져 있기 때문이다. 꼭 꿩 대신 닭 같다. 화상회의는 '가난한 사람의 출장'이 아니라 '부자의 전화'로 다시 프레임되어야 한다. 화상회의 기기는 다른 곳이 아닌 CEO의 집무실에만 설치해야 한다. 당연히 지하실에 설치하는 것도 안 된다.

## 2. 고급 제품을 선보여라

새로운 비교 대상을 만드는 것보다 더 간단한 방법은 당신이 파는 제품의 범위를 조정하는 것이다. 고급 제품을 출시하면 새로운 비교 기준이 마련되기 때문에 다른 제품 라인의 가치가 더 올라갈 것이다.

1993년 아모스 트버스키Amos Tversky와 이타마르 시몬스Itamar Simonson는 이런 전략의 효과를 정량화시켰다. 스탠퍼드 대학 심리학과 교수인 두 사람은 221명의 참가자를 대상으로 사고 싶은 카메라 기종을 물었다. 한 집단은 2종류의 카메라 중 골라야 했다. 170달러짜리 미놀타Minolta X-370과 240달러짜리 미놀타 맥섬Maxxum 3000i였다. 이 경우 선택은 거의 반반으로 나눠졌다.

두 번째 집단은 3종류의 카메라 중 선택해야 했다. 앞에서 말한 2종류의 카메라 외에 고급 기종인 470달러짜리 미놀타 맥섬 7000i가 추가됐다. 소비자들이 절대적 특징만을 기준으로 카메라를 고른다면, 신제품이 추가됐더라도 기존 두 제품의 판매 비율은 변화가 없어야 한다.

하지만 실제로 일어난 일은 달랐다. 고급 제품을 추가했더니 비율이 바뀌었다. 중간급 카메라가 훨씬 더 인기를 끌었다. 57퍼센트의 사람들이 중간급을 선택한 것이다. 가장 저렴한 카메라를 선택한 사람들의 비율은 22퍼센트에 그쳤다.

중간급 카메라에 대한 선호 현상은 반복적으로 나타난다. 구매자는 종종 좋은 제품의 조건이 무엇인지 불확실해한다. 그들은 고가 제품을 샀다가 바가지 쓸 것을 걱정하고, 저가 제품은 조잡할까봐 걱정한다.

중간급 제품은 이 두 가지 극단적 경우로 인해 입을지 모를 피해로부터 사람들을 지켜준다.

표준급과 프리미엄급 제품을 파는 그 어떤 브랜드라도 고급 제품을 선보일 수 있다. 이럴 경우 소비자는 가장 저렴한 제품에서 더 이윤이 높은 프리미엄 제품으로 이동할 것이다. 예를 들어 커피숍 체인점은 다소 비싼 커피와 함께 '전문가가 엄선한 최상의 제품'처럼 엄청나게 고가인 커피를 같이 선보일 수 있다.

이런 전략을 썼을 때는 평가 방법이 정확해야 한다. 커피 사례에서 전략의 성공 여부는 높은 이윤을 남기는 커피로 얼마나 판매가 이동되었느냐에 따라 판단해야 한다. 고가의 고급 커피를 선보임으로써 저가 커피가 안 팔리면 그건 문제가 안 된다.

가격 상대성을 이용해서 브랜드 인식에 영향을 주려고 한다면 브랜드를 처음 출시할 때 하는 게 최선이다. 초두 효과 Primary effect 때문이다. 초두 효과란 머릿속에 비슷한 정보가 계속해서 들어올 경우, 가장 처음에 들어왔던 정보가 기억에 오래 남는 현상을 말한다. 이어서 초두 효과에 대해 알아보겠다.

# 10.
# 초두 효과

**첫 번째 인상이 이후의 경험에 영향을 준다**

> 점심 메뉴로 샌드위치를 고른 당신은 동료인 탐과 안나의 점심도 사다주기로 약속한 게 떠올랐다. 탐은 포장 스테이크와 감자칩과 콜라를 부탁했다. 반면에 안나는 치즈 바게트와 사과를 사다달라고 했다. 그 외에 또 뭘 사달라고 했더라? 안나가 부탁한 음료수가 기억나지 않는다. 에라, 모르겠다. 당신은 생수를 집는다. 뭐, 안나는 항상 건강에 신경 쓰고 살지 않는가. 물이면 충분할 것이다.

안나가 부탁한 음료수가 기억나지 않는 이유는 부탁받은 음식의 순서 때문일지도 모른다. 20세기의 가장 저명한 심리학자 중 한 사람인 솔로몬 애쉬Solomon Asch는 우리가 정보를 듣는 순서가 정보의 해석 방법에 영향을 미친다고 주장했다.

1946년 실험에서 당시 브루클린 칼리지 교수였던 애쉬는 두 집단에게 어떤 무명씨에 대해 설명해줬다. A 그룹에 속한 참가자들은 무명씨가 똑똑하고, 근면하고, 충동적이고, 비판적이면서, 고집이 세고, 질투심이 많다는 설명을 들었다. 설명은 똑똑하다는 긍정적인 특징에서 시작해 충동적이라는 중립적인 특징으로 옮겨간 후 질투심이 많다는 부정적인 특징으로 끝났다. B 그룹에 속한 참가자들도 무명씨에 대한 똑같은 특징들을 들었지만, 정반대 순서로 들었다. 즉, 무명씨가 질투심이 많고, 고집이 세고, 비판적이면서, 충동적이고, 근면하고, 똑똑하다고 들었다.

두 집단 참가자들은 이제 각자의 말로 무명씨에 대해 설명해야 했다. 무명씨에 대한 긍정적인 특징부터 들은 사람들은 그에 대해 긍정적인 묘사를 할 확률이 높았다. 예를 들어 A 그룹에 속한 한 사람은 이렇게 말했다.

무명씨는 똑똑하고, 다행스럽게도 일도 똑똑하게 한다. 무명씨가 고집이 세고 충동적인 이유는 그가 뜻과 내용을 알고서 말하고 있기 때문이다. 그래서 동의하기 싫은 다른 사람의 생각을 쉽게 따르려 하지 않는다.

반면에 부정적인 설명부터 들은 사람들은 무명씨를 비판하는 경향이 좀 더 강했다. B 그룹에 속한 사람이 한 말을 예로 들어보자.

근면함과 똑똑함처럼 이 사람이 가진 좋은 자질은 질투와 고집 때문에 빛을 보기 힘들 수 있다. 무명씨는 감정적인 사람이다. 그는 약하고, 단점이 장점을 가리게 만들기 때문에 성공하지 못한다.

이제 애쉬의 말을 들어보자.

A 그룹 사람들은 무명씨가 장점을 상쇄할 정도는 아닌 몇 가지 단점을 갖고 있는 능력자라는 인상을 받았다. 반면에 B 그룹 사람들은 무명씨가 심각한 결점 때문에 가지고 있는 능력이 훼손되는 문제아라는 인상을 받았다. 또한 A 그룹 사람들은 충동적이고 비판적인 무명씨의 몇 가지 성격을 긍정적으로 해석했지만, B 그룹 사람들은 부정적으로 받아들였다.

애쉬의 실험에는 정량적 평가 요소도 있었다. 그는 참가자들에게 18개 성격이 적힌 목록을 보여준 뒤, 무명씨가 그것들 중 어떤 긍정적인 성격을 가졌다고 생각하는지 물었다. A 그룹 참가자들은 18개 성격 중 14개 성격을 긍정적으로 평가했다. 예를 들어 그들 중 52퍼센트는 무명씨를 관대한 사람으로 생각했다. 반면 B 그룹 참가자들 중에선 21퍼센트만 그렇게 생각했다.

애쉬는 우리가 처음에 듣는 정보가 미치는 영향이 더 큰 현상을 '초두 효과'라고 불렀다.


## 70년이 지난 지금도 연구 결과는 유효할까

현대 마케터의 관점에서 봤을 때 애쉬가 한 실험에는 두 가지 문제가 있다. 첫째, 70년 전에 했던 실험이라는 문제다. 제2차 세계대전이 끝나고 불과 1년이 지난 시점이었다. 둘째, 해당 실험이 제품보다는 사람과 더 관련이 많다는 문제다.

이러한 문제를 감안해 나는 500명의 소비자에게 조만간 영국에서 출시될 예정이라며 가짜 브랜드인 블랙 쉽 보드카Black Sheep Vodka에 대한 이야기를 들려줬다. 절반에겐 해당 보드카가 상을 받았고, 원기를 북돋워주고, 만족스럽지만 신맛이 나며, 도수가 약하다고 말해줬다. 나머지 절반에게도 똑같은 형용사를 써서 설명해줬지만 애쉬의 실험대로 순서를 바꿔서 보드카가 도수가 약하고, 신맛이 나지만 만족스럽고, 원기를 북돋워주고, 상을 받았다고 말해줬다. 소비자들은 부정적인 설명을 먼저 들었을 때보다 긍정적인 설명을 먼저 들었을 때 보드카를 11퍼센트 더 높게 평가했다.

애쉬의 연구 결과는 지금도 유효하다.


## 어떻게 현장에 적용할까


### 1. 먼저 치고나가라

애쉬의 이론과 경합하는 이론도 있다. 인간의 인지 능력은 제한적이며 맨 처음 들은 정보만으로 기억력의 한계에 도달해서, 이후에 들은 정보를 저장할 수 있는 능력이 현저히 저하된다는 것이다. 앞에서 얘기한 헤르만 에빙하우스 연구가 이를 뒷받침해준다. 에빙하우스는 우리가 목록의 중간에 위치한 단어들보다 첫 부분에 위치한 단어들을 더 잘 기억하는 현상을 설명하기 위해 '서열 위치 효과'serial position effect라는 용어를 만들었다.

이 주장을 받아들인다면 다음 두 가지 사항에 주의해야 한다. 첫째, 한결같은 내용의 메시지만 전달하라. 광고에 여러 가지 메시지가 섞여 있다면 소비자에게 가장 전달하고 싶은 메시지가 전달되지 않을 위험이 크다. 둘째, 소비자가 다른 광고와 함께 당신의 광고를 접할 경우 TV광고든 잡지광고든 간에 반드시 제일 먼저 당신 광고를 보게 하라. 그렇게 해야 소비자가 당신 광고를 기억할 가능성이 높아진다.

## 2. 최대한 강한 첫인상을 줘라

애쉬의 또 다른 설명은 첫 단어들이 이후 정보를 필터링해 이미지를 떠올리게 한다는 것이다.

> 맨 처음 들은 단어들은 대부분의 사람들에게 이후 듣는 단어들에 지속적인 영향을 미치는 방향을 설정해준다. 사람들이 첫 단어를 들었을 때, 광범위하고 모호하지만 방향성을 가진 인상이 생성되는 것이다. 그리고 그 다음에 나오는 단어는 별개의 단어가 아닌, 기존에 설정된 방향과 관련된 단어로 인식한다. 이런 식으로 형성된 관점은 곧바로 기반을 형성하게 되고 이후 듣는 단어들은 특정 방향에 맞춰져 인식된다.

이런 설명은 다른 조언으로 이어진다. 첫째, 브랜드는 그들이 전달하려는 정확한 특성에 과도하게 집착하는지도 모른다. 애쉬의 연구는 브랜드가 갖고 있다고 믿는 특성들이 서로 별개가 아니라는 사실을 보여준다. 브랜드가 한 가지 긍정적 특성을 강하게 연상시킨다면, 그것은 브랜드의 다른 특성에도 영향을 줄 것이다.

이것은 중요한 의미가 있다. 브랜드는 제품 카테고리 내에서 가장 중요하다고 평가되는 가치를 가졌다는 인상을 주는 데 치중하기보다, 가장 연상하기 쉬운 가치에 집중해야 한다는 걸 말하기 때문이다. 이런 연상을 일으키는 데 성공하면 의도하지 않아도 그것이 브랜드의 다른 특성에도 영향을 미칠 것이다.

두 번째는 출시의 중요성이다. 애쉬의 실험은 첫인상 지속 법칙을 알려줬다. 일단 첫인상이 만들어지면, 이후 받는 인상이 첫인상에 따라 해석되기 때문에 그것을 뒤집기 힘들어진다. 광고주가 새로운 브랜드를 알리기 시작할 때도 마찬가지다. 광고주가 처음부터 부정적인 인상을 심어준다면 이후의 광고로 그런 첫인상을 뒤집기 쉽지 않다. 따라서 마케터는 제품을 출시할 때 보유 예산의 상당 규모를 투자해야 한다.

## 3. 가짜 브랜드의 도움을 얻어라

애쉬의 실험을 재현하기 위해 나는 블랙 쉽 보드카라는 가짜 브랜드를 만들었다. 실험 참가자들에게 브랜드 이미지와 함께 그것이 곧 영국에서 출시된다는 발표가 담긴 작은 안내문을 보여줬다.

나는 종종 실험용으로 가짜 브랜드를 만든다. 가짜 브랜드가 더 확실한 실험 결과를 얻는 데 유용하기 때문이다. 참가자들에게 실제로 있는 브랜드에 대해 물으면 이미 그들은 그 브랜드에 대한 고정관념을 갖고 있다. 그럴 경우 테스트하는 변수가 미치는 효과를 별도로 알아내기 힘들어진다. 직접 실험해보라.

내가 소비자들에게 블랙 쉽 보드카에 대해 물었을 때 그들은 그 브랜드를 접해본 적이 없었다. 대신 그들은 내 설명을 토대로 보드카의 품질을 예측했다. 우리가 느끼는 맛은 우리가 기대하는 맛에 의해 영향을 받는다. 그렇기 때문에 이런 예측은 중요하다. 이것이 다음에 논의할 주제다.

# 11.
# 기대이론

**제품에 대한 기대가 품질에 어떻게 영향을 줄까**

**❝**

당신은 슈퍼마켓에서 돌아오는 길에 치킨 샌드위치와 소금과 식초 맛 감자칩을 게걸스럽게 먹는다. 배불리 먹다보니 몸이 둔해진 것 같아서 플랫 화이트 커피(스팀 밀크를 에스프레소 샷 위에 부어서 만든 커피—옮긴이)를 마시러 카페에 들른다. 원두 종류를 고민하던 당신은 주말 기분을 내고자 니카라과산 로스트 커피를 마시기로 한다. 일반 커피보다는 20펜스 더 비싸지만 훨씬 맛이 좋기 때문에 돈을 더 주고 마실만한 충분한 가치가 있다고 생각한다.

그런데 비싼 커피가 실제로 더 맛이 있는 걸까, 아니면 맛이 있다고 생각하는 걸까? 100퍼센트 확신할 수는 없지만 더 맛이 좋다고 느끼는 이유의 상당 부분은 높은 기대감 때문일지 모른다. 당신은 경험하리라고 기대하는 것을 경험한다. 비싼 커피가 더 맛이 좋을 거라고 기대하기 때문에 실제로도 커피 맛이 좋게 느껴진다.

**❞**


이것은 근거 없는 추측이 아니다. 브라이언 완싱크Brian Wansink 코넬 대학 행동영양과학과 교수는 2006년 일리노이 주 어배너에 있는 비비어 카페테리아Bevier Cafeteria에서 한 실험을 통해 이 효과를 정량화했다. 완싱크는 고객들에게 "카페테리아 메뉴에 브라우니 케이크를 추가할지 검토 중인데, 간단한 두 가지 질문에 대답해주면 케이크 무료 시식 기회를 드리겠다."고 말했다. 다음에 카페테리아에 와서 브라우니 케이크를 먹는다면 얼마를 낼 의사가 있는지, 맛이 어떤지를 물었다.

그는 총 175개의 브라우니 케이크를 나눠줬다. 같은 요리법으로 만든 같은 크기의 케이크를 1인당 1개씩 나눠줬다. 심지어 설탕 함유량도 똑같았다. 다만 소비자들이 눈치 채지 못하는 사이에 세 가지 다른 서빙 방식으로 케이크를 제공했다. 즉, 케이크를 새하얀 도자기나 종이 접시나 냅킨 위에 올려놓았다.

브라우니 케이크가 모두 똑같은 케이크인 이상 고객들의 맛 평가나 생각하는 가격에 차이가 생긴다면, 그것은 서빙 방식 때문이었다. 냅킨, 종이 접시, 도자기로 서빙한 케이크의 맛 평가는 순서대로 '괜찮았다', '좋았다', '훌륭했다'였다. 가격 차이는 심지어 더 뚜렷했다. 냅킨, 종이 접시, 도자기로 서빙한 케이크에 대해 고객들이 생각하는 적정 가격은 순서대로 53센트, 76센트 그리고 1달러 27센트였다. 서빙 방법만 바꿨을 뿐인데 최저와 최고의 적정 가격 차이가 2배 이상 났다.


## 도자기 접시부터 유리잔까지, 기대가 주는 효과

브라우니 케이크 실험의 결과가 소비 규모가 큰 카테고리에도 적용된다고 확신할 수는 없다. 나는 완싱크의 실험이 주류 브랜드 사이에서 더 광범위하게 적용될 수 있는지를 실험해보고 싶었다. 나는 동료들인 안나 칸다사미Anna Kandasamy와 스펜서 코리건Spencer Corrigan과 함께 런던 시내 공원을 돌아다니면서 공원을 찾은 사람들을 상대로 라거맥주 시음 실험을 했다. 우리는 플라스틱 컵, 일반 유리잔, 유명 브랜드 유리잔에 담아 맥주를 제공했다. 완싱크의 실험 때와 마찬가지로 서빙 방법이 맛에 영향을 줬다. 더 좋은 잔에 담은 맥주를 맛본 사람들의 맛 평가가 더 좋았다.

기본적으로 이 실험은 유리잔에 수백만 파운드를 투자하는 게 정당화될 수 있다는 걸 보여준다. 하지만 여전히 흥미로운 점은 미묘한 차이에 있었다. 이 효과의 크기가 브랜드의 인지도와 반비례했다. 맥주 시음자들이 시음 브랜드를 잘 알고 있으면 서빙 방법에 특별히 구애를 받지 않았고, 서빙 방법이 맛 평가에 미치는 영향도 그저 그랬다. 반면에 시음자들이 시음 브랜드를 전혀 모르고 있으면, 서빙 방법이 시음자의 생각에 큰 영향을 미쳤고 맛 평가까지 달라졌다. 일반 유리잔보다는 유명 브랜드 유리잔에 담긴 맥주의 가치가 훨씬 더 크다고 느꼈다.

두 번째로는 시음자들이 싫어하는 유명 브랜드 유리잔에 담긴 맥주를 마시면 부정적인 생각이 더 또렷하게 나서 맛이 나쁘다고 느낀다는 사실도 알아냈다.

# 어떻게 현장에 적용할까

## 1. 제품만큼 중요한 프레젠테이션

기대감은 실제 제품만큼 많은 가치를 만들 수 있다. 이것은 다양한 기회를 낳는다. 이를 위한 가장 일반적인 방식은 제품에 시간과 노력을 투자하는 만큼, 물리적 프레젠테이션에도 많은 시간과 노력을 투자하는 것이다. 그렇지 않을 경우 제품의 가치를 제대로 인정받지 못할 수 있다.

불행하게도 프레젠테이션의 가치를 무작정 크게 의심하는 사고방식이 있다. 이런 식의 사고방식은 프레젠테이션 같은 치장은 불필요하다며 무시하는 듯한 미국 사상가 겸 시인 랄프 왈도 에머슨<sub>Ralph Waldo Emerson</sub>의 말을 통해 잘 드러난다.

> "당신이 더 좋은 책을 쓰고, 더 좋은 설교를 하고, 더 좋은 쥐덫을
> 만들면 외딴 숲속 한가운데 집을 짓고 살아도 세상 사람들이 당신
> 집 문 앞까지 반들반들하게 길을 다져놓을 것이다."

이것은 사실이 아니다. 차라리 오스트리아 빈 대학 경제학과 교수를 지낸 루트비히 폰 미제스<sub>Ludwig von Mises</sub>가 한 말을 듣는 게 더 낫다. 그는 "당신이 식당을 경영한다면 요리로 창조하는 가치와 바닥 청소로 창조하는 가치 사이에 건강상 차이를 만들 수 없다."라고 말했다.

## 2. 좋은 광고 문구가 갖는 힘

프레젠테이션이 가진 힘은 생각보다 엄청나다. 적절한 이미지나 광고 문구는 긍정적인 기대감을 불러일으킨다.

또다시 완싱크가 조사에 나섰다. 2005년, 그는 대학 카페테리아에서 음식명 변경이 미치는 영향을 정량화했다. 그는 6주 동안 실험을 진행했다. '레드빈 라이스'Red Beans with Rice(미국으로 강제 이주된 캐나다 태생 프랑스 사람들이 만들어 먹기 시작한 음식―옮긴이)는 '케이준 Cajun 스타일의 레드빈 라이스'로, '해산물 필레'Filet(육류나 생선의 뼈를 발라내고 저민 살코기―옮긴이)는 '육즙이 풍부한 이탈리안식 해산물 필레'로 이름을 바꿨고, '초콜릿 푸딩'은 '부드러운 초콜릿 푸딩'Satin Chocolate Pudding으로 업그레이드됐다. 이름 외에는 바뀐 게 없었다. 일반적인 이름을 붙인 음식과 자세한 설명이 곁들여진 음식 중 하나를 맛본 140명의 학생들이 9점 만점으로 음식 맛과 호감도를 평가했다.

평범하게 설명해놓은 음식이 받은 맛과 호감도의 평균 점수는 각각 6.83점과 5.87점이었다. 반면에 더 자세하게 설명해놓은 음식이 받은 맛과 호감도의 평균 점수는 각각 7.31점과 6.66점이었다. 더 자세한 설명이 맛과 호감도를 각각 7퍼센트, 13퍼센트씩 끌어올린 것이다.

음식명이 기대감을 높였고, 기대감은 음식 맛을 높였다. 더 나은 광고 문구가 아름다운 도자기 위에 음식을 대접하는 것과 같은 효과를 낸 것이다.

## 3. 부정적 기대감을 조심하라

브랜드가 만들려는 기대감이 브랜드 소유자가 생각하는 것과 똑같지는 않다. 소비자는 수동적으로 행동하지 않으며 광범위한 편견과 편향을 통해 브랜드가 전하는 메시지를 해석한다. 그래서 종종 의도하지 않은 결과를 초래한다. 브랜드를 표현하기 위해 사랑스럽게 고른 단어들이 소비자의 머릿속에서는 마케터와는 다르게 연상될 수 있기 때문이다.

친환경 제품을 예로 들어보자. 동료 레베카 스트롱<sub>Rebecca Strong</sub>과 나는 세탁기용 세제에 '친환경'이란 라벨을 붙였을 때 미치는 영향을 정량화하기 위해 실험을 했다.

우리는 실험 대상의 소비자들에게 똑같은 종류의 세탁기용 세제를 보냈다. 그들은 많은 옷을 세탁해본 후 우리에게 세제의 성능에 대해 피드백을 해줬다. 단, 그들 중 절반에게는 우리가 표준 세제를 테스트 중이라고 알려줬고, 나머지 절반에게는 친환경 세제를 테스트 중이라고 알려줬다.

결과는 분명했다. 친환경 세제라고 인지한 소비자들은 모든 기준에서 세척력이 떨어진다고 평가했다. 그들은 효과와 호감도 면에서 9퍼센트 낮게 평가했다. 제품을 추천하겠다는 소비자도 11퍼센트 더 적었고, 다음에 직접 사서 써보겠다고 말한 사람도 표준형에 비해서 18퍼센트가 더 적었다.

우리가 시중에서 만나는 친환경 제품은 종종 가격이 더 비싸다. 하지만 이번 실험에서 친환경 세제를 테스트한 소비자들은 평균 4파운드 41펜스만을 지불하겠다고 말한 반면, 표준형 세제를 사는 데는 4파운드 48펜스를 내겠다고 말했다. 소비자들은 친환경 제품에 일장일단이 있다고 믿는다. 즉, 친환경 제품을 쓸 경우 세척력 면에서 손해를 보게 될 거라고 생각한다. 이러한 인식은 친환경 제품에 관심이 있는 어떤 브랜드에게나 골칫거리다. 이 카테고리에 속한 브랜드가 성공적으로 친환경 제품을 팔고 싶다면, 이러한 부정적인 생각에 대응할 수 있는 방안을 마련하거나 세척의 신뢰도를 높이기 위해 거액을 투자해야 한다.

친환경 제품 외에 다른 광범위한 분야에서도 마찬가지다. 포지셔닝과 관련된 기대감을 조사할 필요가 있다. 무설탕, 저알코올, 친환경 등의 분야가 당신에겐 아주 긍정적인 이미지를 연상시킬지 모르지만, 소비자들은 과연 어떻게 생각할까? 일련의 테스트와 레베카와 내가 실시한 제어 실험은 당신이 고가 친환경 제품 출시에 나서기 전에 그와 관련된 잘못된 이미지를 털어내는 데 도움을 줄 것이다.

물론 소비자들에게 친환경 제품 내지는 저알코올 맥주에 대해 그들이 가진 생각이 틀렸다고 설득하기란 힘들다. 일단 어떤 생각이 굳어졌다면, 그 생각을 바꾸기가 몹시 힘들다. 자신의 신념과 일치하는 정보는 받아들이고, 일치하지 않는 정보는 무시하는 경향인 확증 편향confirmation bias 때문이다. 이어서 확증 편향 문제와 그것을 피하기 위해 할 수 있는 일에 대해 이야기하겠다.

# 12.
# 확증 편향

원하는 내용만 받아들이려는 사람들의 마음에
비집고 들어가는 방법

"

동료 에바의 모습을 보기 전에 그녀가 내는 소리부터 들린다. 그녀는 신나게 모금통을 흔들면서 사무실 주위를 돌아다니고 있다. 에바는 자선기금 마련을 위한 마라톤 대회 후원금을 모으려고 애쓰는 중이다. 동료들은 그녀의 남을 위하는 마음에 좋은 인상을 받은 것 같다. 하지만 당신은 단 한순간도 속지 않는다. 단언컨대, 모금은 인기를 얻으려는 그녀의 수작이다!

"

당신은 확증 편향의 신호를 보이고 있다. 에바가 당신보다 먼저 승진했기에 그녀의 모금 동기를 기존 감정의 렌즈를 통해 해석하면서 냉소적으로 바라본다.

확증 편향의 증거는 알버트 하스토프Albert Hastorf와 해들리 캔트릴Hadley Cantril의 실험으로 거슬러 올라간다. 두 심리학자는 앙숙 관계에 있던 프린스턴 대학과 다트머스 대학 간 축구경기를 연구 대상으로 삼았다. 그들의 표현대로라면 경기는 '거친 플레이'로 가득했다. 사실이것도 상당히 부드럽게 순화한 표현이었다. 그 경기에서 프린스턴 쿼터백은 코가 부러졌고, 다트머스 쿼터백은 다리가 부러졌다.

격렬한 경기가 끝난 후 하스토프와 캔트릴은 프린스턴과 다트머스 학생 324명에게 경기 장면을 보여준 후, 각 팀이 저지른 파울 수를 세

어봐 줄 것을 요청했다. 확연한 결과가 나왔다. 학생들은 자기 대학팀 보다 상대팀의 파울을 2배 더 잘 찾아냈다. 학생들은 충성심이란 프리 즘을 통해 경기를 관전했다.


## 정치에서도 유효하게 작동한다

앞의 실험 결과가 예외적인 건 아니다. 2015년, 영국 총선이 실시되던 때 동료 제니 리델Jenny Riddell과 나는 전국의 1,004명 유권자를 대상으로 부가가치세를 1펜스 더 올려 1만 명의 간호사를 추가 고용하기 위한 예산 마련 방안에 대한 의견을 구해봤다. 결과는 지지 정당에 따라 갈렸다. 유권자 절반에겐 그것이 보수당 정책이라고, 나머지 절반에겐 그것이 노동당 정책이라고 알려줬다.

　노동당 지지자들은 정책이 노동당에서 나왔다고 생각했을 때 강력 하게 지지했다. 그중 14퍼센트는 100퍼센트 지지 의사를 보내기도 했 다. 하지만 그것이 보수당 정책이라는 말을 듣자 지지율은 14퍼센트 의 4분의 1도 안 되는 3퍼센트로 급락했다. 보수당 지지자들도 마찬가 지였다. 해당 정책이 노동당이 아닌 보수당 정책이라고 생각했을 때 지지율이 4배 더 높았다. 이는 정책 내용보다 소속 정당이 정책의 지 지 여부에 훨씬 더 큰 영향을 미친다는 걸 보여준다.

## 마음을 열지 않는 사람들

앞의 실험들은 부정적 의견을 뒤집기가 얼마나 어려운지 극명하게 보여준다. 당신 브랜드를 거부하는 사람들을 당신 편으로 만들기 위해 설득하기란 힘들다. 그들이 이미 당신의 메시지를 부정적 렌즈를 통해 해석하기 때문이다.

주식시장의 전설적인 투자자 찰리 멍거 Charlie Munger가 한 말을 참고해보자.

> 사람의 마음은 난자와 흡사해서 차단하는 속성이 있다. 정자 하나
> 가 난자로 들어오면 다른 정자가 들어오지 못하도록 차단하는 것
> 처럼, 사람의 마음도 같은 종류의 경향이 강하다.

## 어떻게 현장에 적용할까

### 1. 최고의 광고 타깃을 찾아내라

한정된 예산을 최대의 효과를 낼 수 있는 곳에 집중적으로 투자하라. 즉, 브랜드 거부자를 피해라. 나는 이것을 나폴레옹 군대의 군의관이었던 도미니크-장 라레가 고안한 치료 절차에서 착안해 '마케팅 트리아쥬' marketing triage 전략이라고 부른다. 라레는 환자들을 다음 세 분류로 나

뉘서 치료하라고 지시했다(트리아쥬는 프랑스어로 '분류하다'란 뜻이다).

① 받을 치료 여부와 상관없이 생존 가능성이 높은 사람
② 받을 치료 여부와 상관없이 생존 가능성이 낮은 사람
③ 즉시 치료하면 살 수 있는 사람

마찬가지로 마케터는 다음과 같이 세 분류로 나눠서 고객을 공략해야 한다.

① 광고하지 않아도 구매할 사람
② 광고해도 구매하지 않을 사람
③ 광고하면 구매할 사람

마케팅 활동은 전적으로 세 번째 고객에게 집중돼야 한다. 이러한 선택과 집중은 불을 보듯 분명하고 뻔해 보인다. 하지만 내가 여러 브랜드와 작업했지만 이를 제대로 실천하는 경우를 좀처럼 보지 못했다.

브랜드 거부자를 피하는 이유는 지극히 당연하다. 확증 편향 때문에 그들을 설득하려면 과도할 정도로 많은 노력이 필요하기 때문이다.

마찬가지로 대량 구매자도 무시하라. 구입 빈도가 잦다는 건 그들이 해당 브랜드의 포장, 웹사이트, 매장에 꾸준히 노출되고 있음을 의미한다. 그들은 이러한 접점들을 통해 이미 브랜드를 인지하고 있다. 아

울러 바이런 샤프의 연구는 대량 구매자를 공략할 수 있는 여지가 제한적임을 보여준다. 당신이 이미 매일 코카콜라를 한 캔씩 사서 마시고 있다면, 거기에서 얼마나 더 많은 콜라를 마실 수 있겠는가? 마지막으로 이러한 고객은 보통 고객보다 당신 광고에 관심이 많다. 당신이 다른 사람을 겨냥해 광고를 하더라도 그들은 이미 그 광고까지도 보고 있을 것이다.

그러므로 당신 브랜드에 미온적인 사람에 집중하라. 가장 효과적인 곳을 겨냥해 광고비를 지출하는 게 된다. 결국 이들을 공략하면 더 많은 브랜드가 자신들의 존재감을 드러낼 수 있다.

## 2. 거부자에게 말을 걸 시기를 찾아라

물론 거부자를 피할 수 없는 이례적인 경우가 있다. 어쩌면 거부자의 수가 정말 많거나 목소리가 커서 그들을 무시할 경우, 당신 브랜드의 미래가 위태로워질지도 모른다. 이런 경우 해결책은 그들이 다른 데 정신이 팔렸을 때 공략하는 것이다.

반직관적이라는 생각이 드는가? 그럴 수도 있다. 하지만 이 전략을 뒷받침해주는 증거를 20세기의 위대한 심리학자 중 한 사람인 레온 페스팅거가 처음으로 찾아냈다.

1964년, 스탠퍼드 대학 교수였던 페스팅거와 나단 맥코비 Nathan Maccoby 는 대학 동아리 회원들을 모집했다. 그들은 학생들에게 동아리가 도덕적으로 타락한 이유에 대해 주장하는 음성 녹음을 틀어줬다.

녹음 내용은 두 가지 방식으로 들을 수 있었다. 학생들은 녹음만 듣거나 아니면 녹음을 듣는 동안 무성 영화를 시청했다.

학생들에게 녹음 내용을 들려준 뒤, 페스팅거와 맥코비는 동아리에 대한 시각이 어느 정도 바뀌었는지 알아봤다. 두 그룹 중에서 무성 영화를 보면서 녹음 내용을 들은 학생들의 의견이 바뀔 가능성이 더 컸다. 페스팅거와 맥코비는 "뇌는 기존 의견을 지키는 '반론'을 만드는 데 능숙하지만, 정신이 없을 때는 그런 능력이 손상된다."는 가설을 세웠다. 간단히 말해서 우리는 동시에 두 가지 이상의 일에 집중할 때 설득당하기가 더 쉽다.

여기서 얻을 수 있는 교훈은 분명하다. 조금이라도 한눈을 팔고 있을 때 거부자들을 공략하는 것이다. 다행히 그런 순간은 점점 많아지고 있다. 1978년에 노벨 경제학상을 수상한 허버트 사이먼이 지적했듯이 우리는 정보가 풍부한 시대에 살고 있다.

정보가 무엇을 소비하고 있는지는 다소 분명하다. 정보 수용자들의 관심을 소비한다. 따라서 풍부한 정보는 집중력의 결핍을 낳는다.

이런 부주의한 순간을 정확히 찾아내는 게 당신의 임무다. 거부자를 겨냥할 때는 라디오 같은 매체를 활용하는 것을 최우선 순위로 둬야 한다. 사람들은 라디오를 들으면서 자주 딴짓을 하기 때문이다.

매체 계획자는 고객이 전적으로 집중하는 TV 같은 매체를 보면서도, 스마트폰이나 태블릿처럼 다른 기기를 이용해 다른 프로그램을 언제 보는지 알아낼 수 있다. 시청률 조사 회사인 닐슨Nielsen이 전 세계적으로 실시한 광고 반응 연구에 따르면, 다양한 기기에 접속 가능한 사람들은 TV 시청 시간 중 평균 35퍼센트 동안 다른 기기를 사용했다. 사회적 내용을 다루는 프로그램이나 낮에 방송하는 시청률이 낮은 프로그램이 한눈을 팔기에 최고로 좋은 프로그램이다.

매체 계획자가 가장 소중히 간직하는 믿음 중 하나인 '집중이 중요하다'가 모든 환경에 들어맞는 것은 아니다. 집중력이 높은 순간에 막대한 비용을 지불한다는 점에서 이것은 특히 더 흥미롭다. 예를 들어 가장 주목받는 매체인 극장 광고는 TV 광고보다 비용이 5배 더 비싸다. 소비자들이 다른 곳에 정신을 팔 때 그들을 공략하면 두 가지 이점이 있다. 첫째는 집중이 중요하다는 오해를 뒤집을 수 있는 가능성이 생기고, 둘째는 소비자에게 즐거움을 주느라 치러야 할 비용이 줄어든다.

## 3. 거부자로부터 관심을 받는 방법

뇌는 직접적으로 도전을 받았을 때 풍부한 반론을 생성한다. 이러한 점에서 볼 때 뇌가 그렇게 하지 못하게 막는 게 최선이다. 대신에 '미묘한 신호'subtle cues를 이용하라. 그렇게 하면 뇌는 자신이 설득을 당하고 있다는 걸 깨닫지 못하며, 확증 편향도 활성화되지 않는다.

영국 항공British Airways 광고는 미묘한 신호의 전파력이 어느 정도인지를 잘 보여준다. 1989년 이후 영국 항공은 오페라 《라크메》Lakme에 나오는 〈꽃의 이중창〉Flower Duet 을 광고 배경음악으로 사용해왔다. 만약 영국 항공이 단도직입적으로 아주 호사스런 서비스를 제공한다고 주장했다고 가정해보자. 그럴 경우 페스팅거의 이론대로라면 소비자는 머릿속에서 기억나는 반론을 샅샅이 뒤질 것이다. 하지만 영국 항공이 이런 주장을 대놓고 하지 않고 있기 때문에, 소비자는 굳이 기억력을 활성화시켜 반론을 찾으려고 하지 않는다. 대신에 〈꽃의 이중창〉의 아름다운 선율을 듣고 넌지시 호사스러움을 연상한다.

따라서 광고주는 두 가지 선택을 할 수 있다. 우선은 마케팅 트리아쥬 과정을 밟고, 거부자와 대규모 구매자를 피하는 길을 걸으라고 추천해주고 싶다. 이보다 위험한 경로는 거부자가 한눈파는 순간에 다가가거나, 간접적이고 부수적인 세부 정보를 갖고 다가가 그들을 바꿔놓는 것이다. 그 전략이 용감하거나 혹은 무모하거나, 둘 중 어느 것으로 판명될지는 실행에 달려 있다.

고정 관념을 바꿔놓기 힘든 또 다른 이유는 대부분의 사람들이 자신이 가진 능력을 과신하기 때문이다. 사람들은 자신이 평균 이상으로 똑똑하다고 생각해 다른 사람의 반론을 무시하는 경향이 있다. 이런 '과잉확신'overconfidence 에 대해 곧바로 다루겠다.

# 13.
# 과잉확신

마케터와 소비자 모두를 괴롭히는 편향

"

당신은 상사로부터 다음 주에 예정된 인사고과 평가 날짜를 이메일
로 전달받는다. 준비 차원에서 올해 좋은 성과를 거둔 프로젝트를 정
리해본다. 당신이 생각하기에 자신이 올해에 인상적인 성과를 올린
것 같다. 그래서 이번에 임금 인상을 강하게 밀어붙일 궁리를 한다.
그렇게 생각이 생각의 꼬리를 물다가, 결국 다른 동료들보다 자신이
훨씬 더 일을 잘했다는 생각까지 한다.

"

당신만 혼자 이렇게 평균 이상의 뛰어난 성과를 올렸다고 믿는 건 아
니다. 대부분의 사람들도 마찬가지로 그렇게 생각한다. 데이비드 더
닝David Dunning 코넬 대학 사회심리학 교수와 그의 제자 저스틴 크루
거Justin Kruger는 실험을 통해 이런 과잉확신 경향이 존재한다는 걸 알아
냈다. 다음은 두 사람의 실험 계기가 된 이야기다. 심리학 분야에서 내
가 좋아하는 이야기이기도 하다.

1996년 4월 19일 맥아더 휠러McArther Wheeler 란 사람이 미국의 피츠
버그 은행을 털었다. 그리고 불과 몇 시간 만에 체포됐다. 왜 그렇
게 빨리 체포됐던 걸까? 휠러는 복면을 쓰지 않고 백주 대낮에 은
행 2곳을 털었다. 당연히 목격자가 많았다. 그런데 그가 그토록 뻔

뻔하면서도 무모한 범죄를 저지르게 된 동기는 무엇이었을까? 휠러는 자기가 얼굴에 레몬즙을 발랐기 때문에 사람들이 자신의 얼굴을 보지 못할 거라고 믿었다. 잘못된 믿음이었다. 하지만 휠러는 잉크를 지워 안 보이게 만드는 효과를 내는 레몬즙이 피부에도 똑같은 효과를 내지 못할 이유가 없을 것 같다고 생각한 것이다.

더닝과 크루거는 이런 웃기면서도 무능력한 휠러의 이야기에 흥미를 느꼈다. "어떻게 해서 휠러는 자신에게 체포되지 않을 능력이 있었다고 생각한 걸까?"

이런 의문은 잘못된 확신이 아주 극단적인 상황에서만이 아니라 일상적인 상황에서도 나오는 것이 아닌지 두 사람이 고민하는 계기가 되었다. 실제로 그런지 확인해보기 위해 두 사람은 194명의 학생을 대상으로 일련의 논리와 문법 시험을 치르게 한 뒤, 같이 시험을 본 다른 학생들에 비해 어떤 성적이 나올 거라고 예상하는지 물었다.

휠러만큼 웃기지는 않았을지 모르지만, 어쨌든 그와 똑같이 학생들은 자신의 성적을 잘못 판단했다. 또 일관되게 자신의 능력을 과대평가했다. 예를 들어 학생들은 평균적으로 자신의 문법 시험 성적이 다른 3분의 2 학생들보다 높은 68등이 된다고 생각했다. 이런 추정치와 실제 결과 사이의 차이는 성적이 가장 낮은 학생들 사이에서 가장 심했다. 하위 성적 25퍼센트에 속한 학생들은 평균적으로 자신의 성적이 61등은 된다고 생각했다.

이런 과잉확신은 다양한 상황에서 일어난다. 1981년 올라 스벤슨 ₒₗₐ Svenson 스톡홀름 대학 사회학과 교수는 운전자의 88퍼센트가 자신이 평균 이상으로 안전하게 운전하고 있다고 믿는 걸 알아냈다. 이런 편향은 심지어 운전에 주의해야 하는 사람들에게도 영향을 미친다. 패트리샤 크로스 Patricia Cross 는 1977년 연구에서 네브래스카 대학 교수진 중 무려 90퍼센트 이상이 자기가 평균 이상으로 잘 가르친다고 생각하고 있다는 걸 알아냈다.

## 어떻게 현장에 적용할까

### 1. 과잉확신을 경계하라

앞에서 소개한 연구의 목적은 다른 사람들의 바보 같은 행동을 비웃자는 게 아니다. 과잉확신은 우리 모두에게 영향을 준다. 나는 마케팅 분야에서 이 문제의 심각성이 어느 정도인지 정량화해보기 위해 한 가지 실험을 했다. 나는 광고 대행사 직원 117명을 대상으로 설문조사를 실시했다. 우선 그들이 동료들에 비해서 얼마나 일을 잘하고 있다고 생각하는지 물었다. 그러자 응답자의 83퍼센트가 자신이 평균 이상으로 일을 잘하고 있다고 주장했다. 이 실험만 그런 결과가 나온 건 아니다. 세 차례 더 실험을 실시했는데, 매번 똑같은 결과가 나왔다.

마케터에게 과잉확신은 무해하다고 할 수 없는 문제다. 나는 과잉확신으로 인해 초래될 두 가지 문제를 찾아냈다.

첫째는 예산 책정 때 생길 수 있는 문제다. 당신이 선보일 예정인 광고가 경쟁사의 것보다 뛰어나다고 생각한다면, 경쟁사보다 언론 광고를 덜 하고 싶은 유혹을 느끼게 된다. 결과적으로 뛰어난 광고는 더 적은 예산을 쓰고도 보통 수준의 광고만큼 효과를 거둘 것이다. 언론 광고를 줄여서 아낄 수 있는 돈도 아마 상당할 것이다.

하지만 이런 식으로 예산을 아끼려는 유혹은 떨쳐버려야 한다. 예산을 아끼면 광고의 효과가 평범한 수준에 머물 가능성이 높기 때문이다(이 말에 동의하지 않는다면 139쪽 초반부를 다시 읽어봐라). 비교적 적은 예산을 책정한다면 당신 광고의 성공 확률은 떨어질 것이다.

둘째, 성공적인 광고를 섣불리 중단해버리는 문제가 생길 수 있다. 이렇게 하면 경쟁사보다 훨씬 뛰어나고 훌륭한 광고가 결과적으로 빛을 잃는다. 여전히 경쟁사보다 뛰어난 광고를 하더라도 한창때만큼 좋은 효과를 거두지 못한다. 여기서 말하는 한창때란 새로운 창조적 판매 경로에 대한 논의를 시작할 때다.

나는 두 브랜드의 광고 활동을 통해서 이런 문제를 직접 목격했다. 전화번호 안내 서비스 118 118과 핼리팩스 Halifax 은행이다. 두 브랜드는 2000년대 초에 놀라우리만큼 강력한 광고 활동을 펼쳤다. 핼리팩스와 118 118은 각각 노래하는 은행 지점장인 하워드 Howard 와 경주마를 모델로 내세웠다. 둘 다 영국광고인협회 광고 효과상 IPA Effectiveness Awards 금상을 받았다. 하지만 시간이 갈수록 광고 효과가 떨어졌다. 여전히 경쟁사 광고보다 뛰어났지만, 마케팅팀은 새로운 광고 방향을 제시했고 기존의 광고가 이룬 성공을 재연할 수 있다고 믿었다. 결과적으로 두 브랜드의 새 광고는 모두 기대에 미치지 못했다. 그냥 범작이었다.

만약 당신의 브랜드가 평균 이상의 광고를 하고 있다면 가장 최선은 그 광고에 괜히 손을 대서 망치지 않는 것이다. 로리 서더랜드의 말을 들어보자.

지나치게 오랫동안 같은 전략과 광고에 집착하다가 진짜로 고생한 브랜드를 꼽을 수 있는가? 광고 방향을 극히 드물게 바꿔서 고생한 브랜드는? 예전 광고를 유지해서 고생한 브랜드는?

## 2. 불필요한 데이터를 걸러내라

오늘날 마케터는 과거 그 어느 때보다 많은 데이터를 갖고 있다. 대부분의 마케터가 이렇게 쏟아지는 정보를 환영하지만 부작용도 있다. 수많은 데이터가 과잉확신 편향을 악화시킨다.

폴 슬로빅 Paul Slovic 오리건 대학 심리학과 교수는 수많은 데이터가 초래하는 문제에 대해 알아봤다. 그는 경마 핸디캡 전문위원(경마 경기의 박진감과 흥미 있는 경주를 위해 경주마의 능력을 고려하여 경주 때 경주마가 지니고 달려야 할 부담 중량을 부여하는 사람—옮긴이)과 함께 실험을 했다. 위원들은 말의 경주 능력을 예측하는 데 유용한 88개의 변수 목록을 받았다. 이어서 경주 결과와 예측에 대한 그들의 자신감을 추측해야 했다. 그들은 5개, 10개, 20개, 30개, 혹은 40개의 변수처럼 이용 가능한 데이터 수준을 달리하면서 앞에서 했던 작업을 반복했다.

결과는 분명했다. 몇 개의 변수를 참고했는지 상관없이 위원들의 예측 정확도는 동일했다. 하지만 이용할 수 있는 데이터가 늘어나자 위원들의 과잉확신 정도가 커졌다. 위원들은 제한적 가치밖에 없는 변수의 중요성을 과대평가하기도 했다.

마케터도 이와 유사한 문제를 겪는다. 그들은 과거 어느 때보다도 많은 데이터에 접근할 수 있다. 또 대다수는 정보가 있으니 당연히 그것을 써야 한다고 믿는다. 하지만 슬로빅의 실험은 다른 이야기를 해준다. 우리가 단지 이용할 수 있다는 이유만으로 데이터를 이용해서는 안 된다는 것이다. 대신 써야 할 데이터만큼 무시해야 할 데이터를 고르는 데 많은 시간을 투자해야 한다.

## 3. 소비자의 과잉확신을 유리하게 활용하라

마케팅 분야 종사자만 과잉확신을 하는 것은 아니다. 일반인들도 마찬가지다. 따라서 여기서 기회가 생긴다. 대부분의 사람들은 자신이 평균 이상이라고 믿기 때문에, 전형적 행동을 광고하는 브랜드는 사람들에게 그 기준을 넘어서라는 동기를 부여할 수 있다.

자선단체에 내는 기부금을 예로 들어보자. 521명을 대상으로 조사해본 결과, 그들 중 64퍼센트는 자신이 동료들에 비해 더 후하게 기부한다고 믿었다. 자선단체가 기부자들에게 평균 기부금 수준을 알려준다면, 그들은 평균 액수 이상으로 기부하려는 동기를 갖게 될 것이다. 기부자들이 더 많은 돈을 기부하지 않았다면 어떻게 자신이 그토록 후하게 기부한다고 계속 생각할 수 있었겠는가?

과잉확신의 한 가지 위험은, 사람들이 믿음을 지나치게 확신한다는 점이다. 다시 말해 충분히 검증하거나 따져보지 않기 때문에 지나칠 정도로 장시간 잘못된 생각에 매달린다. 다음에 이어서 그런 식의 결함이 있는 '브랜드 이상'에 대해 알아보겠다.

# 14.
# 소원하는 대로 보기

**사람들은 가끔 보고 싶은 것만 본다**

66

지난주에 당신의 팀은 홍보 준비를 하면서 열심히 일했다. 에너지가 고갈되는 것 같자, 당신은 충동적으로 밖으로 나가 팀원들에게 줄 간식을 사오기로 한다. 점심 때 갔던 슈퍼마켓으로 걸어간다. 어떤 사탕이 가장 인기가 있을지 생각하며 가던 중, 길 위에 구겨진 5파운드짜리 지폐를 발견한다.

　당신은 남들보다 먼저 지폐를 집으려고 반쯤 뛰기 시작한다. 하지만 몸을 구부려 지폐를 집으려는 순간, 잘못 봤다는 걸 깨닫는다. 그냥 광고 전단지였다.

99

우리가 인지하는 것이 물리적 세계의 객관적 반영이 아니라는 생각은 1940년대 뉴룩이라는 새로운 인지이론에서 처음 시작되었다.

　제롬 브루너 Jerome Bruner 와 세실 굿맨 Cecile Goodman 하버드 대학 심리학 교수들은 1947년에 우리가 보는 것이 우리의 바람을 일부 반영한다는 사실을 보여주는 실험을 했다. 그들은 아이들에게 한 번에 하나씩 동전 5개를 보여줬다. 동전을 하나씩 볼 때마다 아이들은 프로젝터에서 나오는 광선이 동전과 같은 크기가 될 때까지 프로젝터를 조정해야 했다. 이어서 별도의 아이들 집단을 데리고 같은 실험이 반복됐다. 이번에는 동전과 면적이 같은 회색 종이판을 사용했다.

종이판을 본 아이들은 평균 1.4퍼센트 정도만 크기를 과대평가했다. 반면에 동전을 본 아이들 평균 27퍼센트가 크기를 과대평가했다. 브루너와 굿맨은 동전을 갖고 싶은 아이들의 욕구가 동전을 더 크게 보이게 만든 걸로 추측했다.

그들의 이런 추측은 두 가지 추가적인 조사 결과를 통해 확인됐다. 첫째, 동전의 가치가 커질수록 전체적으로 아이들의 과장 정도도 심해졌다. 예를 들어 1센트는 17퍼센트만이 오판했지만, 10센트는 무려 29퍼센트가 오판했다.

하지만 아이들 집의 재산에 따라 데이터를 분류했을 때 결정적인 사실이 드러났다. 교수들은 아이들 절반을 보스턴 빈민가에서 데려왔고, 나머지 절반은 부유한 동네에서 데려왔다. 가난한 집 아이들은 부잣집 아이들보다 2배 이상 많은 37퍼센트가 동전 크기를 과대평가했다. 부잣집 아이들은 동전 크기를 17퍼센트만 과대평가했다. 교수들은 가난한 집 아이들에게 돈이 더 중요한 의미가 있기 때문에 그들이 돈의 크기를 더 과장했다고 추측했다.

이 실험 이후 몇 년 뒤 브루너와 굿맨은 사람이 수동적으로 현실을 기록하지 않는다는 사실을 받아들이게 됐다. 그들은 이런 행동을 '소원하는 대로 보기'wishful seeing라고 불렀다.

# 덫에 걸린 사람들

브루너와 굿맨의 소원하는 대로 보기는 광고 사업에 중대한 영향을 미친다. 그동안 광고 대행사들은 실제 사실이라기보다는 사실이기를 원하는 광고 이론을 홍보하는 죄를 저질러왔다. 그렇다는 걸 보여주는 가장 좋은 사례가 바로 '브랜드 이상'brand ideals 내지는 '브랜드 목적'brand purpose이다.

지난 5년 동안 이윤 추구를 초월한 목적을 가진 브랜드는 그런 목적을 갖고 있지 않는 브랜드에 비해 더 좋은 성과를 낸다는 생각은, 광고 업계에 정설처럼 여겨졌다. 호주 멜버른 대학 경영대학원 교수이자 마케팅 전문지《마케팅 위크》Marketing Week의 거침없는 칼럼리스트 마크 릿손Mark Ritson은 그런 통념을 '권리를 파기하는 절제력'이라고 부른다.

브랜드 이상을 뒷받침하는 증거는 짐 스텐겔Jim Stengel 전 P&G 최고마케팅책임자CMO가 쓴《미래기업은 무엇으로 성장하는가》Grow : How Ideals Power Growth and Profit at the World's Greatest Companies에 등장한다. 스텐겔은 영국의 다국적 시장 조사 회사인 밀워드 브라운Millward Brown이 보유한 5만 개의 브랜드 데이터베이스에서 충성심 내지 유대감 점수가 가장 높은 50개 브랜드를 고른 뒤 이 증거를 찾아냈다. 스텐겔은 이러한 뛰어난 스타 기업들을 자기 이름을 따서 '스텐겔 50 기업'이라고 불렀다. 그리고 브랜드 사이의 공통점을 찾아본 뒤 그들에겐 '브랜드 이상'이 있었다는 결론을 내렸다. '브랜드 이상'이란 기업 내 모든 사람이 공유하는 삶을 개선하려는 의도를 말한다.

또한 스텐겔은 2000년도부터 2011년 사이에 앞의 50개 기업의 주가 움직임을 살펴봤다. 이 기간 동안 미국 주식시장의 벤치마크 지수인 S&P500이 7퍼센트 하락한 반면, 스텐겔 50 기업들의 주가는 평균 393퍼센트 상승했다. 그는 브랜드 이상이 사업의 성공을 이끌었다는 결론을 내렸다. 브랜드 이상이 단순히 회사를 성장시키는 데서 끝난 게 아니라 가히 엄청난 성공의 밑바탕이 되었다고 생각했다.

스텐겔의 책은 놀라운 영향을 미쳤다. 글로벌 미디어 커뮤니케이션 서비스 기업인 WPP의 최고경영자 마틴 소렐Martin Sorrell은 "나는 책을 읽고 완전히 자신감을 갖게 됐다."고 선언했다. 더 큰 감명을 받은 경영 사상가 톰 피터스Tom Peters는 이 책을 '획기적 작품'이라고 불렀다. 책이 그렇게 열렬한 반응을 이끌어낸 이유 중 하나는 매우 간단한 성공 방법을 알려주기 때문이다. 브랜드나 카테고리의 미묘한 차이와 상관없이 모두에게 맞는 기성품 같은 해결책을 제시했다. 불확실성에 시달리며 시간에 쫓들려 사는 경영자들은 그런 해결책에 끌릴 수밖에 없다. 또한 기성품 같은 해결책은 광고를 도덕적 목적으로 가득 채우게 만든다. 자신의 경력에 더 깊은 의미를 부여하길 갈망하는 경영자들에겐 도덕적 목적은 매력적으로 보인다.

광고주들은 이 이론이 사실이기를 열렬히 바라기만 했지, 정말로 그러한지 확인하는 걸 깜빡했다. 그들 모두 집단적으로 '소원하는 대로 보기'의 덫에 빠졌던 것이다.

# 어떻게 현장에 적용할까

## 1. 브랜드 이상이 마케팅 문제를 해결해줄 것이라 기대하지 마라

당신의 브랜드에 맞는 이상을 찾기 전에 스텐겔의 연구부터 꼼꼼히 살펴봐야 한다. 나는 네 가지 가정을 검증할 것을 제안한다.

- 검증 1. 실험용 데이터가 정확하다.
- 검증 2. 전략이 과거뿐만 아니라 미래를 예측한다.
- 검증 3. 주가가 주식시장 평균 상승률을 상회하는 브랜드는 브랜드 이상에 의해 연결되어 있다.
- 검증 4. 이상을 가진 브랜드는 그렇지 않은 브랜드들보다 더 뛰어난 성과를 낸다.

좀 더 자세하게 검증해보자.

검증 1. 데이터는 정확한가?

기본적으로 분석 대상 데이터가 정확해야 한다. 스텐겔 이론의 핵심은 그가 고른 50개 기업 주가가 평균 393퍼센트 상승했다는 것이다. 하지만 모두가 그런 건 아니었다. 에미레이츠Emirates와 웨그먼스Wegmans처럼 일부 기업은 비상장 회사다. 다시 말해 거래소에서 주식이 거래되지 않아 주가라는 게 없다.

스토니필드 팜Stonyfield Farm, 이노센트Innocent, 팸퍼스Pampers처럼 스텐겔 50 기업에 속한 다른 브랜드도 주가가 없다. 그들은 다농Danone, 코카콜라, P&G 같은 훨씬 규모가 큰 상장기업들의 자회사이다. 스토니필드 팜은 2014년 매출이 다농이 올린 전체 매출의 2퍼센트에도 못미쳤다. 이처럼 매출 규모가 작은 자회사인 스토니필드 팜이 브랜드 이상을 갖고 있다고 해서, 다농의 주가가 올랐다고 주장할 수 있을까?

더 큰 문제는 스텐겔의 50개 브랜드 선정 방식이다. 그는 밀워드 브라운이 보유한 5만 개나 되는 브랜드 데이터베이스에서 최고의 성과를 올린 브랜드들을 추려냈다. 상위 0.1퍼센트 브랜드인 셈이다. 이런 브랜드들이 주가 면에서 뛰어난 성과를 냈다는 게 놀랄 만한 일은 못된다. 그들의 주가가 과거에 그렇게 좋은 성과를 내지 못했다면, 밀워드 브라운의 상위 0.1퍼센트 브랜드 명단에 오르지 못했을 것이다.

간단하게 요약하면 상위 0.1퍼센트 기업에 속하는 브랜드가 주식시장에서 상당히 선전했다는 게 스텐겔이 찾아낸 결과다. 증명되어야 할 사실들이 서로를 증명하기 때문에, 사실은 아무것도 증명하지 못하게 되는, 일명 '순환 논리'의 오류에 빠지는 셈이다.


검증 2. 이론이 과거뿐만 아니라 미래를 예측하는가?

이론이 미래를 정확하게 예측하는지를 통해, 그 여부를 검증해볼 수 있다. 나는 이 점을 염두에 두고 2017년 3월까지 5년 동안 스텐겔이 고른 50개 기업 중 26개 기업의 주가 움직임을 살펴봤다. 2017년 3월은 스텐겔의 책이 출간되고 난 뒤라서, 내 조사는 이론의 예측력을 테스트해준다. 내가 50개 기업 중 26개 기업을 분석하고 있다는 걸 명심하라. 대기업이 올리는 매출에서 차지하는 비중이 적은 브랜드를 포함시키는 건 잘못이기 때문이다.

결과는 어떻게 됐을까? 연구한 26개 기업 중 불과 9개 기업의 주가만이 S&P500의 벤치마크를 능가했다. 혹은 우연히 26개 기업의 절반인 13곳의 주가가 S&P500 이상의 상승률을 보일 거라고 예상할 수도 있다. 이러한 결과는 브랜드 이상이 스텐겔이 주장한 것처럼 만병통치약은 아님을 시사한다.

검증 3. 브랜드들이 이상으로 연결되어 있나?

스텐겔의 이론이 유효하기 위해선 50개 브랜드가 '이상'$_{ideal}$으로 연결되어야 한다. 그런데 불행하게도 대다수의 브랜드가 그렇지 못한 것으로 보인다.

50개 브랜드 모두가 이상을 드러내 보여준다는 주장은 의심스럽다. 이론은 모든 상황에 딱 맞아 떨어지지 않는다. 현실은 더 복잡하다. 스텐겔이 이상의 광범위한 활용을 주장한 이유는 그가 내린 정의를 검토해보면 명확해진다. 그는 '이상'이란 단어를 그것이 무의미해질 정도까지 확대한다.

그가 정의한 3개 브랜드의 이상을 살펴보자.

- 모엣 샹동<sub>Moet & Chandon</sub> (샴페인 브랜드) : "특별 행사를 기념 행사로 전환하기 위해 존재한다."
- 메르세데스-벤츠 : "성공한 삶의 완벽한 본보기가 되기 위해서 존재한다."
- 블랙베리 : "언제, 어디서나 사람들과 그들의 삶에서 가장 중요한 콘텐츠를 서로 연결하기 위해 존재한다."

문제를 찾아냈는가? 이러한 이상들은 카테고리 묘사에 불과하다. 브랜드에 대한 묘사는 앞에서 언급한 브랜드가 아니라도 그 어떤 샴페인이나 명품 브랜드, 심지어 휴대폰 제조사에도 적용이 가능하다.

나만 그렇게 생각하는 건 아니다. 2015년에 나는 동료 에이단 오캘러한<sub>Aidan O'Callaghan</sub>과 함께 1,000명의 소비자에게 6개 브랜드 중 하나를 앞에 나온 이상과 연결해봐 줄 것을 부탁했다. 이상이 진짜 잘 연결되었다면 소비자들이 정확한 브랜드를 찾아내리라 기대할 수 있을 것이다. 하지만 부탁을 받은 소비자 중 6퍼센트, 10퍼센트, 21퍼센트만이 각각 블랙베리, 메르세데스-벤츠, 모엣상동을 찾아냈다.

검증 4. 이상이 있는 브랜드가 없는 브랜드보다 뛰어난 성과를 낼까?
이상이 성공의 원동력이 된다는 걸 증명하기 위해서는 성공한 브랜드와 성공하지 못한 브랜드를 서로 비교해봐야 한다. 특히 성공 기업이 이상을 마음에 새겨뒀을 가능성이 더 크다는 걸 입증해야 한다. 한 기업만 따로 떼어놓고 살펴봐서는 전면적인 주장을 할 수 없다. 그게 아니라면 당신은 성공을 중요하지 않은 요소 덕으로 돌릴지 모른다.

안타깝게도 스텐겔은 상위 50위 밖에 있는 브랜드가 이상이 없는지 알아보려는 시도를 하지 않는다. 이는 그의 주장이 입증되지 않았음을 보여주는 것이다.

스텐겔의 이론을 증명해보기 위해 나는 주가가 가장 많이 떨어진 몇몇 기업에 대해 조사해봤다. 2007년 10월부터 2012년 7월 사이에 주가가 95퍼센트 폭락한 핀란드 휴대전화 제조사 노키아_Nokia_를 예로 들어보자. 사람들은 노키아도 블랙베리처럼 "언제, 어디서나 사람들과 그들의 삶에서 가장 중요한 콘텐츠를 서로 연결하기 위해 존재한다."라고 주장할 수 있었다. 나만 그렇게 생각한 건 아니다. 오캘러한과 내가 같이 조사해본 소비자들은 노키아가 블랙베리보다 이러한 이상에 더 적합하다고 여기는 확률이 52퍼센트 더 높았다. 이상이 성공한 브랜드만큼이나 부진한 브랜드에도 어울리는 것처럼 보인다.


## 스텐겔의 이론이 검증에 실패한 이유

스텐겔은 기업 성공의 비밀을 찾아냈다고 주장한다. 주장이 사실이라면 그는 브랜드의 광고 방식을 근본적으로 바꿔놨을 것이다. 하지만 그러한 주장에는 확실한 증거가 필요하다. 미국 천문학자 칼 세이 건 Carl Sagan 은 "특별한 주장을 하려면 특별한 증거가 필요하다."고 말했다. 하지만 스텐겔은 평범한 증거, 혹은 특별한 증거 모두 제시하지 못했다.

스텐겔의 연구는 4개의 검증을 전부 통과하지 못했다. 스텐겔은 '이상'이 뛰어난 실적을 이끈다는 걸 증명하는 데 실패했다. 하지만 이런 실패는 또 다른 질문을 낳는다. 브랜드 이상이 그토록 문제가 많음에도 불구하고 마케터들이 왜 그것을 채택하기 위해 애쓰는 걸까? 우리가 모르는 다른 이유가 있는 것일까?

나는 그 이유를 알아보기 위해 런던 중심부의 올드 스트리트로 향했다. 셸!셸!의 공동 창업자이자 크리에이티브 디렉터인 빅 폴킹혼은 광고계에서 '브랜드 이상'을 가장 소리 높여 비판하는 사람 중 하나이다. 그는 브랜드 이상이 인기를 끈 이유는 그것이 특정 브랜드에 이득이 돼서라기보다 마케터들의 동기 때문이라고 주장한다.

그는 이렇게 주장했다.

결국은 사람 때문이다. 광고도 사람이 하는 일이기 때문이다. 나는 브랜드 이상이 사람들이 자신을 바라보는 방법과 시간 활용 방법과 관련되어 있다고 생각한다. 광고계 종사자들은 자존감을 느끼고 싶어한다. 100퍼센트 이해할 만하다. 사람들이 자존감을 느끼고 싶어하는 게 잘못은 아니다. 다만 문제는 일부 사람들이 제품을 더 성공적으로 팔 수 있게 도와주더라도, 기업으로부터 보상을 받는다고 느끼지 못한다는 점이다. 그래서 그들은 자신들의 일에서 더 많은 뭔가를 찾는다.

마케터들은 이상적 신화가 사실이 되기를 원했기 때문에 브랜드 이상을 믿었다. 셰익스피어는 줄리어스 시저 <sub>Julius Caesar</sub>의 입을 통해 "사람들은 자기 마음대로 사물을 해석하면서 사물 자체의 진정한 의미를 완전히 놓칠지 모른다."라고 말했다.

## 2. 성공의 문을 여는 만능열쇠가 있다고 주장하는 사람을 의심하라

스텐겔은 공언했던 것과 달리 브랜드 이상의 가치를 증명하지 못했다. 하지만 그의 연구에는 이보다 더 심각한 문제가 있다. 모든 광고에 들어맞는 보편적인 전략을 찾으려고 했다는 사실이다. 어떤 상황에서나 통하는 마케팅 전략이 있다는 생각은 틀렸다. 브랜드는 엄청나게 방대한 범위의 상황에서 활동한다. 광고는 잃어버린 고양이 포스터를 나무에 붙이는 할머니부터 정부에게 정책 변화 로비를 하는 대기업에 이르기까지 모든 대상과 상황을 다룬다. 그렇게 광범위한 현실 속에서 어떻게 한 가지 전략이 다 맞을 수 있겠는가? 하나의 상황에서 성공한 전략이 다른 시간이나 장소에서는 실패할지도 모른다.

폴킹혼은 이렇게 주장했다.

이 분야의 모든 게 그렇다. 답이 긍정적일 때도 있지만 부정적일 때도 있다. 카테고리와 상황에 따라 답이 달라질 뿐이다. 나는 모든 것에 대한 한 가지 답만 갖고 있는 사람이 정말 걱정된다.

보장된 성공 공식을 찾는 건 헛고생이다. 필 로젠츠바이크 Phil Rosenzweig 국제경영개발대학원 IMD 전략 및 국제 비즈니스과 교수는 저서 《헤일로 이펙트》에서 이렇게 주장했다.

누구든 비즈니스 물리학의 원칙을 찾아냈다고 주장한다면, 비즈니스와 물리학 중 어느 하나 제대로 이해하지 못하는 사람이다.

둘째, 기업이 하는 행동만으로 성공이 결정되지는 않는다. 로젠츠바이크는 이렇게 덧붙여 말했다.

특정 원칙을 추종한다고 해서 반드시 높은 성과를 이룰 수 있는 건 아니다. 이유는 간단하다. 경쟁이 치열한 시장경제에서 성과는 기본적으로 상대적이지 절대적이지 않기 때문이다. 성공과 실패는 기업의 행동뿐만 아니라 경쟁사들의 행동에 따라 좌우된다.

순탄하게 경영을 하던 수많은 기업이 내부적 이유가 아닌 경쟁사가 일으킨 급진적인 혁신 때문에 무너진다. 개인용 컴퓨터 때문에 밀려난 메인프레임 컴퓨터나, 스트리밍 서비스 때문에 폐업한 비디오 대여점을 생각해보자. 이러한 기업들은 브랜드 이상이 없어서 망한 게 아니었다. 기업의 성과가 경쟁사의 영향을 받는다면, 당연히 브랜드 이상 같은 내부 행동에 집착하는 것만으로는 성공이 보장되지 않는다.

어쨌든 광고주에게 영향을 미치는 편향에 대한 이야기는 이제 그만하자. 우리의 주요 목표인 소비자에 대한 이야기로 돌아가자. 특히 다음 키워드에서는 광고 매체가 광고 해석에 어떻게 영향을 미치는지 이야기해보자.

# 15.
# 매체 맥락

광고 매체가 광고 해석에 어떻게 영향을 주는가

66

당신은 오늘 오전에 쉬엄쉬엄 작업하던 프레젠테이션을 USB에 저장한다. 거래 규모가 가장 큰 고객과의 회의 때 쓸 프레젠테이션이라서 상사의 승인을 받아야 한다. 그래서 7층에 있는 상사의 사무실로 향하지만, 앞서 진행되던 회의가 예정보다 길어져 밖에서 기다리게 된다. 대기실 커피 탁자 위에는 패션 잡지들이 쌓여 있다. 당신은 그중 하나를 대충 훑어보다가 화려한 보석 광고를 보고 감탄을 금치 못한다.

99

잡지에 실린 보석 광고가 인상적으로 느껴지는 이유는 이미지뿐만 아니라 매체 맥락<sub>media context</sub> 때문이다. 맥락이 가진 진짜 힘은, 다음에 나오는 착시를 통해 간단하게 설명할 수 있다. 다음 글자를 보자.

# THE CAT

앞의 글자는 '고양이'를 뜻하는 'THE CAT'처럼 보인다. 하지만 자세히 보면 얘기가 달라진다. THE의 'H'와 CAT의 'A'의 모양이 똑같다. 그런데 우리는 맥락 때문에 그 둘이 다른 글자라고 생각한다. THE와 CAT이란 단어를 워낙 많이 읽다 보니, 중간에 들어간 문자가 뭔지 안다고 지레짐작해버린다. 맥락이 정보에 영향을 주는 것이다.

착시는 우리의 사고 과정을 분명히 보여준다. 맥락이 우리의 '눈이 보는 것'에 영향을 주듯, 우리의 사고방식도 결정한다.

## 매체에서 맥락이 가진 힘

착시와 마찬가지로 맥락은 매체에서 광고 문구의 해석 방식을 결정할 수 있다.

마이클 뎁Michael Deppe 뮌스터 대학 신경과학과 교수와 그의 동료들은 매체 맥락이 가진 중요성을 정량화했다. 2005년에 이들은 21명의 소비자에게 30개의 기사 헤드라인을 보여줬다. 소비자들은 헤드라인의 신뢰도를 1점에서 7점으로 평가했으며, 가장 신뢰할 수 있는 기사에는 1점을, 가장 신뢰하지 못하는 기사에는 7점을 주었다.

학자들은 헤드라인을 4종류의 뉴스 잡지 중 하나에서 뽑은 것처럼 꾸몄다. 그리고 잡지의 신뢰도가 기사의 신뢰도에 미치는 영향을 알아봤다. 학자들은 헤드라인과 잡지를 무작위로 짝지어 돌려가며 보여줌으로써 잡지가 헤드라인의 신뢰도에 미치는 영향을 평가했다.

소비자가 매긴 신뢰도 점수는 잡지로부터 상당한 영향을 받았다. 가장 평판이 좋은 잡지의 헤드라인이 받은 신뢰도 점수는 평균 1.9점이었던 반면, 가장 평판이 떨어지는 잡지의 헤드라인이 받은 신뢰도 점수는 5.5점으로 높았다.

이는 정보가 중립적으로 받아들여지지 않는다는 걸 보여준다. 우리는 항상 맥락적 단서에 의해 휘둘린다. 이 실험에서 맥락적 단서는 잡지의 신뢰도이다.

JWT 전 회장인 제레미 볼모어는 맥락적 단서가 기사 제목뿐만 아니라 광고에도 영향을 미친다고 지적한다. "가정교사 출신 여성이 야간 아르바이트를 구한다."는 광고가 여성 주간지《더 레이디》The Lady의 개인 광고란에 실린다면, 독자들은 대수롭지 않게 보고 넘어갈 것이다. 하지만 똑같은 광고 문구가 런던 킹스크로스King's Cross 역 신문 가판대 창문에 붙어 있으면 사람들은 음흉한 기대를 하면서 광고를 읽을 수 있다.


## 어떻게 현장에 적용할까


### 1. 적절한 광고 타깃만으로는 2프로 부족하다

매체 맥락은 프로그래마틱 광고programmatic advertising의 성장 때문에 특히 더 따져봐야 할 주제다.

프로그래마틱 광고란 프로그램이 자동적으로 이용자의 검색 경로, 검색어 등의 빅데이터를 분석해 필요로 하는 광고를 띄워 주는 광고 기법으로 현재 광고계에서 급성장하고 있다. 디지털 리서치 기업인 이 마케터 <sub>eMarketer</sub>에 따르면 2016년에 영국에서 프로그래마틱 디지털 광고에 쓰인 돈의 규모는 전년 대비 44퍼센트가 늘어난 27억 파운드였다.

프로그래마틱 광고의 주요 구성요소 중 하나는 '실시간 입찰' <sub>real-time bidding</sub>이다. 콘텐츠 발행자와 광고주 등이 디스플레이 광고 공간을 사고파는 경매 시스템을 말한다. 이것 덕분에 현재 광고주는 관련된 환경 외에서 광고 타깃을 만날 수 있게 됐다.

자동차 구매자(혹은 CEO)를 예로 들어보자. 몇 년 전만 해도 광고주 입장에서 자동차 구매자를 공략할 수 있는 장소는 제한적이었다. 자동차 전문 매체인 왓카 <sub>What Car</sub>나 탑기어 <sub>Top Gear</sub> 같은 사이트의 숫자가 적어서 매체가 광고에 웃돈을 요구했다. 하지만 자동차 구매자들이 쿠키 <sub>cookies</sub>(웹사이트에 접속할 때 자동적으로 만들어지는 임시 파일로 이용자가 본 내용, 상품 구매 내역, 신용카드 번호, 아이디, 비밀번호, IP 주소 등의 정보를 담고 있는 정보 파일―옮긴이)를 통해 신원 확인이 가능해졌기 때문에 광고주는 광고 노출 수준에 따라 입찰에 참여할 수 있고, 구매자가 어떤 사이트를 방문하든 그들을 공략할 수 있다. 이렇게 광고주가 자동차 구매자에 접근할 수 있는 사이트 공급이 늘어나자, 관련 없는 환경에서 그들에게 접근하는 데 드는 비용이 줄어들었다.

현재 많은 브랜드가 사실상 맥락을 고려하지 않고 광고 타깃에 접근한다. 하지만 뎁의 실험은 맥락이 인식에 영향을 미친다는 사실을 보여준다. 심지어 같은 매체에서도 광고 노출의 가치가 모두 똑같을 수 없다는 걸 암시한다. 예를 들어 존경을 많이 받는 신문사의 기사가 이런 환경에선 더 높은 신뢰를 얻는다.

물론 맥락이 인식에 영향을 미치지만 완전히 새로운 인식을 만들지는 않는다. 다시 앞에 나온 'TAE CAT'을 보자. 맥락 효과contextual effect가 아무리 강하더라도 T를 C로 생각하지는 않을 것이다. 맥락은 미묘하면서도 부수적인 효과만을 낸다. 맥락 효과는 처음에 알게 된 정보에 나중에 알게 된 새로운 정보의 지침을 만들고 전반적인 맥락을 제공하는 것을 말한다. 즉, 처음에 긍정적인 정보를 얻은 대상이라면 이후에도 긍정적으로 생각하려는 현상이다.

존중을 덜 받는 맥락 속에서 얻는 저렴한 가격이 가치가 있을지 모른다. 하지만 이때는 신중히 계산할 필요가 있다. 현재는 그러한 방법이 거의 무시되고 있다. 우리는 맥락의 가치를 고려하거나, 아니면 우리가 지켜야 하는 브랜드가 점차 줄어드는 위험을 감수해야 한다.

## 2. 낭비의 중요성

존 케이John Kay 옥스퍼드 대학 경제학과 교수는 광고가 '명시적 메시지' 때문에 효과를 내는 게 아니라고 주장한다. 그는 한 가지 맥락이 특히 중요한데, 바로 '낭비'라고 주장한다. 그가 말하는 '낭비'는 명시적 메시지를 효과적으로 전달하는 데 필요 이상으로 광고비를 지출하는 걸 의미한다. 90초짜리 광고나 신문 양면 광고, 거액을 들여 제품 가치를 알리기 등을 위해 지출하는 것 말이다.

소위 비싸다고 하는 광고를 내보낼 수 있다는 건 광고주의 재력이 상당하다는 신호이다. 케이는 그의 획기적인 논문에서 다음과 같이 말했다.

> 광고주는 많은 사람들에게 그의 제품을 사라고 설득하거나(좋은
> 징조다), 누군가에게 광고비를 댈 거액을 빌려달라고 설득하거나
> 둘 중 하나다.

광고는 그것이 낭비라고 인식됨에도 불구하고가 아니라, 그렇게 인식되기 때문에 효과적이다.

케이는 광고가 장기적으로는 광고비를 회수하는 경향이 있기 때문에, 브랜드를 알리기 위해 총력을 기울일 수 있는 기업만이 엄청난 액수의 돈을 광고에 투자한다고 주장한다. 질이 떨어지는 브랜드는 관심을 얻고자 광고할 수는 있지만, 고객이 품질에 불만을 느낄 경우에는 광고를 아무리 많이 해도 그들이 재구매하게끔 유도할 수 없다. 케이의 말을 들어보자.

> 거액의 광고는 제품 홍보에 투자하는 돈을 통해 드러나는, 자신이
> 만든 제품에 대한 생산자의 신실한 믿음을 보여줌으로써 제품의
> 품질을 자신 있게 알리는 '검사 매체' 역할을 한다.

세계적인 마케팅 블로거이자 저자인 밥 호프만은 좀 더 박력 있게

말한다.

소비자들의 잠재의식적 논리(이것이 모순어법인가?)는 이런 식이다. "우수한 브랜드는 다년간 쌓아온 수백억 파운드의 가치가 나가는 평판을 갖고 있다." 결과적으로 그들은 더 적절한 장소에서, 덜 성공했고 신뢰성이 낮은 기업은 쓸 수 없는 기술로 광고할 수 있는 충분한 재력을 갖고 있다.

그들은 우수한 브랜드의 광고 방식과 장소뿐만 아니라 우수한 브랜드 광고가 주는 느낌을 알고 있다. 또한 삼류 브랜드가 광고하는 장소도 알고 있다.

이런 이론은 왜 유명한 후원 계약이 효과적인지를 깔끔하게 설명해준다. 맥락은 광고된 제품이 가진 힘에 대한 값비싸면서 정직한 믿음을 보여준다.

물론 이 이론은 소비자가 후원 계약비용을 안다는 걸 전제로 한다.

정말 그럴까? 정말로 그런지 알아보기 위해 나는 33명의 소비자를 대상으로 레알 마드리드Real Madrid 셔츠 후원 계약비용을 아는지 조사해봤다. 비용을 제시한 소비자들 중 89퍼센트는 연간 비용이 3,000만 파운드가 넘을 걸로 생각했다. 실제와 대략 비슷한 금액이다.

매체 맥락이 가진 힘이 수백만 파운드짜리 후원 계약만큼 극적이어야 할 필요는 없다. 다른 형식의 시청각 광고에 의해 다른 맥락적 단서들이 주어지기 때문이다.

나는 502명을 대상으로 TV, 영화, 유튜브 광고비가 얼마라고 생각하는지를 물었다. 추정치의 중간값은 다음과 같다. 영화관과 TV에서 나오는 30초 광고 100만 회 시청 기준의 광고비는 2만 5,000파운드, 유튜브 광고비는 겨우 5,000파운드였다. 물론 그들의 추측이 틀릴지도 모른다. 하지만 그게 중요한 게 아니다. 중요한 건 인식이다.

브랜드는 광고 효과의 상당 부분이 낭비 인식으로부터 나온다는 사실을 인정해야 한다. 효과에 집착하는 지금 같은 시대에도 대담한 브랜드 광고가 해야 할 역할이 있다. 가끔씩 내보내는 단순하면서 사치스러운 광고는 모방할 수 없는 자신감을 드러내준다.

그러나 안타깝게도 수많은 브랜드 관리자들은 아직도 매체 맥락의 중요성을 제대로 인지하지 못하고 있다. 이런 문제가 생긴 일부 원인은 그들이 소비자 경험을 공감하지 못하기 때문이다. 다음 '지식의 저주'에선 이 문제에 대해 보다 자세하게 알아보는 시간을 갖겠다.

# 16.
# 지식의 저주

**소비자의 마음을 읽지 못하는 이유**

당신은 자리로 돌아가면서 만족한 듯 콧노래를 부른다. 그때 회계부서의 동료인 노미가 복도에서 당신을 멈춰 세운 후 무슨 노래를 부르고 있는지 묻는다. 당신은 더 천천히, 더 크게 콧노래를 흥얼거린다. 〈보헤미안 랩소디〉Bohemian Rhapsody를 멋지게 부르는 중이다. 그런데 노미는 무슨 노래인지 모르겠다는 듯 멍한 표정으로 당신을 바라본다. 이 유명한 노래를 모르다니! 정말 바보 같다. 당신은 못마땅하다는 듯 '쯧쯧' 소리를 내며 자리를 뜬다.

당신은 '지식의 저주'에 걸렸다. 지식의 저주란 지식이 있는 사람이 자신이 몰랐을 때를 상상하지 못해 소통에 문제가 생기는 현상을 말한다. 전문가들에게 흔히 일어나는 현상으로, 자신이 아는 사실을 다른 사람도 알 것이라고 넘겨짚으면서 흔히 생긴다. 지식의 저주로 인해 사람들 사이의 소통이 힘들어지고, 오히려 이해하지 못하는 사람을 무시하게 되기도 한다.

이 같은 문제는 1990년 엘리자베스 뉴튼Elizabeth Newton 스탠퍼드 대학 심리학과 교수가 처음 찾아냈다. 뉴튼은 실험 참가자들을 박자를 두드리는 사람과 듣는 사람 두 집단으로 나눴다. 첫 번째 집단 사람들은 노래를 고른 다음 제목을 밝히지 않고 두 번째 집단 사람들이 노래 제목을 맞출 수 있게 박자를 두드렸다. 박자를 두드리는 사람들은 듣는 사람들이 노래 제목을 맞출 확률을 50퍼센트로 예상했다. 그러나 예상은 크게 빗나갔다. 실험에서 쓰인 120개 곡 중 청취자 집단이 정확히 제목을 맞춘 노래의 비율은 2.5퍼센트에 불과했다.

## 단 1초도 집중하지 않는 소비자들

현실과 예상 사이에 이런 차이가 생기는 이유가 뭘까? 첫 번째 집단 사람들이 노래 박자를 두드렸을 때, 그들은 마음속으로 연주하는 노래를 듣고 있었다. 하지만 심리학자인 칩 히스Chip Heath의 말대로 두 번째 집단의 청취자들은 "일종의 특이한 모스 부호Morse Code처럼 서로 동떨어진 단타음만 잔뜩" 듣게 된다.

박자를 두드리는 사람이 청취자의 마음에 자신이 듣던 음악을 재현하기는 힘들다. 이 실험을 통해 확인된 지식의 저주는 브랜드에겐 어떤 문제를 일으킬까? 바로 디자인과 메시지 전달이라는 별개의 영역에서 문제를 일으킨다. 우선 디자인부터 살펴보자.

브랜드 관리자가 광고를 승인하는 방식이 소비자가 광고를 기대하는 방식과 조화를 이루지 못해 광고 디자인이 통하지 않는다. 브랜드 관리자는 어떤 광고 문구를 집어넣을지 저울질하다가, 문구의 모든 요소를 정밀 조사하면서 광고를 자세히 살펴보는 경향이 있다. 그들은 광고가 타깃에 맞도록 상당한 시간 동안 전력을 다해 집중한다.

그런데 소비자는 어떤가? 빠른 속도로 자동차를 운전하다가 포스터를 대충 보거나, 신문을 넘기다가 인쇄 광고를 잠깐 살펴보거나, 인터넷 배너 광고를 곁눈으로 흘끗 보고 끝낸다. 이런 소통의 차질 때문에 종종 효과가 없는 광고가 탄생한다.

이 문제는 얼마나 심각할까? 동료인 이판 베이티 Ifan Batey와 나는 이 문제를 정량화해보기 위해 격식에 얽매이지 않는 소규모 실험을 설계했다. 베이티는 런던 웨스트엔드 West End를 돌아다니면서 거리 맞은편에서 걷다가 본 모든 광고 포스터의 가독성을 분류해봤다. 포스터의 4퍼센트는 읽을 수 없었고, 3분의 1 이상은 제목 정도만 쉽게 읽을 수 있었다. 이것은 상당히 많은 광고비가 낭비되고 있다는 뜻이다.

이번엔 종종 인쇄 광고 규칙을 따르는 디지털 디스플레이 광고에 대해 생각해보자. 이 광고는 단 몇 초만으로 소비자의 관심을 사로잡을 수 있다고 전제한다. 하지만 조사 대행사 루멘 Lumen이 수집한 데이터를 보면 그렇지 않다. 루멘은 300가구로부터 랩톱에 시선 추적 센서를 설치해도 좋다는 허락을 받았다. 이것으로 루멘은 사람들이 자연스럽게 인터넷을 돌아다니는 동안 디지털 광고를 얼마나 오랫동안 쳐다보는지 추적할 수 있었다. 루멘이 수집한 데이터에 따르면 사람들은 평균 0.9초 동안만 온라인 광고를 본다. 불과 4퍼센트만이 온라인 광고를 2초 이상 쳐다봤다. 포스터 같은 디스플레이 공간을 고려한다면 메시지를 단순화시키는 게 더 낫다.

# 어떻게 현장에 적용할까

## 1. 제작자가 아닌 청취자가 되도록 노력하라

리버풀 거리 근처에 있는 한 인도식 카페에서《타고난 거짓말쟁이들》Born Liars의 저자 이언 레슬리 Ian Leslie를 만난 적이 있다. 그는 베이컨 빵을 먹으면서 광고주만 고객 입장에서 생각해보려고 애쓰는 건 아니라고 지적했다. 음악가도 같은 문제에 집착한다는 것이다.

영국의 음악가이자 멀티미디어 예술가인 브라이언 이노 Brian Eno 는 이렇게 말한다.

> 당신은 청취자가 아니라 제작자일 때 완전히 다른 사람으로 바뀐다. 그래서 나는 종종 스튜디오를 떠나 여러 가지 것들을 들어보려고 한다. 많은 사람들이 뭔가를 만들 때 스튜디오를 떠나지 않는다. 항상 뭔가를 집어넣은 후 나사로 조여 넣는 제작자 모드에 빠져 있다. 스튜디오에서는 그렇게 하는 게 맞는 것처럼 보이기 때문이다. 하지만 밖으로 나가야 비로소 좋아하는 소리를 들을 수 있다.

마케터라면 이노가 쓴 방법을 활용해 억지로라도 평가 맥락을 바꿔봐야 한다. 광고 대행사 사무실에서 포스터의 효과를 평가한다면 당신은 '제작자 모드'에 빠지게 된다. 그보다는 길거리로 나가서 실제 게시판에서 효과를 판단해보는 게 더 좋다. 옥외광고 전문 대행사들인 포스터스코프 Posterscope와 제이씨데코 JCDecaux가 공동 개발한 '버추오시티' Virtuocity를 사용해서 소비자들의 반응을 조사해보면 더 좋다. 버추어시티는 가상 세계에서 옥외광고에 대한 소비자들의 반응을 미리 알아보기 위해 개발된 새로운 조사 도구다.

## 2. 광고 타깃이 극대화자인지, 만족자인지를 알아내라

두 번째 문제는 어떤 광고 문구가 소비자에게 가장 잘 먹히는지 알아내는 것이다. 마케터는 어떤 똑똑한 소비자보다도 그들 브랜드와 훨씬 더 깊은 관계를 맺고 있다. 영국의 화장지 브랜드인 안드렉스 Andrex의 마케터는 소비자가 평생 생각하는 시간보다 더 많은 1주일 40시간 이상을 화장지에 대해 생각한다.

카네기 멜론대학 심리학과 교수인 허버트 사이먼의 말을 빌리자면, "마케터는 '극대화자' maximizer 경향이 있지만, 소비자는 '만족자' satisficer 인 경우가 대부분"이다. 극대화자는 특정 카테고리에서 이상적 제품을 찾느라 상당히 많은 시간과 노력을 기울이는 사람을 말한다. 만족자는 자기 기준에 맞는 첫 번째 제품에 안주하는 사람이다.

로리 서더랜드의 말을 들어보자.

언제나, 어느 시장에서나 대부분의 돈은 만족자가 쥐고 있다. 만족자는 동료 집단을 뛰어넘기보다 그들과 어울리길 원하고, 지배력을 드러내려 하기보다 구매 실수를 비롯한 사회적 망신이나 후회를 피하는 데 더 신경을 쓰는 사람들이다.

마케터가 자신의 믿음, 태도, 행동을 고객에게 투영시킬 때만 이런 간극이 해소된다. 내가 동료들에게 물어봤을 때, 그들 대부분은 광고 타깃이 자신들과 똑같이 생각할거라 가정하지 않는다고 주장했다. 다른 마케터들이 고객과 똑같은 생각을 할 거라고 믿는 잘못을 저지를지 몰라도 자신은 전문가이기 때문에 그렇지 않는다는 것이다.

마케터들의 그런 자신감을 흔들어놓기 위해선 보다 확실한 증거가 필요했다. 그래서 나는 내 모든 동료들과 우리의 고객 다수를 대상으로 간단한 조사를 해봤다. 조사에는 두 가지 악의 없는 질문이 포함되어 있었다. 인구의 몇 퍼센트가 아이폰을 소유하고 있다고 생각하는지와 조사 참가자도 아이폰을 소유하고 있는지를 물었다.

결과는 의미심장했다. 아이폰 사용자들은 인구의 절반이 아이폰을 쓰고 있다고 생각했다. 반면에 다른 휴대폰 사용자들은 3분의 1만이 아이폰을 쓰고 있다고 생각했다. 편향이 소비자만큼이나 마케터에게도 많은 영향을 미치고 있음을 보여주는 조사였다.

직관에 의존하는 건 위험하다. 우리에겐 영향을 주더라도 소비자에게는 영향을 준다고 말하기 힘든 계획의 수립으로 이어질 수 있기 때문이다. 극대화자는 자신이 쓰는 제품이 완벽한지 궁금해한다. 만족자는 그 제품이 쓰레기가 아니면 안심한다. 제품이 완벽하다는 메시지를 전달하려고 애쓰다가 종종 대부분의 사람들이 몰라도 되는 '복잡하고 세부적인 기능'에 집중하는 실수를 범한다. 반면에 최고의 흑자 기업만 감당할 수 있는, 세간의 이목을 끌지만 낭비 같기도 한 광고 디스플레이에 투자함으로써 브랜드의 '인기'를 강조해야 소비자는 안심한다.

따라서 브랜드는 광고 타깃이 극대화자인지 아니면 만족자인지를 결정하고, 그에 맞춰 광고를 해야 한다.

### 3. 소비자 입장에서 생각하기

또 다른 해결책은 더 통찰력 있게 일하는 것이다. 대부분은 원칙적으로 이런 생각에 동의할 것이다. 하지만 실제로 그렇게 일했다가는 '지독히' 많은 돈이 든다고 생각하기 때문에 그렇게 일하는 법이 정말로 드물다. 하지만 집에 있는 소비자를 상대로 인터뷰를 하든, 하루 시간을 내서 콜센터에서 소비자들의 목소리를 들어보든, 아니면 1주일 동안 매장 안에서 일하든 간에 간단한 기술을 통해서도 통찰을 얻을 수 있다.

이상적인 해결책은 직면한 문제에 맞춘 기술을 개발하는 것이다. 예를 들어 남성 요실금 브랜드와 손을 잡고 일했을 때, 나는 관련 광고 대행사가 광고 타깃을 이해할 수 있게 도와주고 싶었다. 당시 여기에 필요한 예산이 없었기 때문에 '방법 기획'method planning이란 기술을 썼다.

나는 1주일 동안 아무 때나 광고 기획자들에게 문자 메시지를 보냈다. 그들은 문자를 받을 때마다 하던 일을 중단하고 2분 안에 화장실로 가야 했다. 그렇게 하자 기획자들은 광고 타깃이 겪는 경험을 더 잘 이해할 수 있게 됐다. 이런 실험을 통해 우리는 두 가지 유용한 통찰을 얻었다. 첫 번째는 집에 머물 때는 요실금이 큰 문제가 안 된다는 것이다. 몇 초만 걸으면 화장실에 갈 수 있기 때문이다. 외출했을 때가 문제였다. 그래서 우리는 요실금 환자의 걱정이 최고조에 달하는 순간 그들의 관심을 끌 수 있는 지하철 광고 등을 추천했다.

둘째로 우리 실험 참가자들은 문자 메시지를 받을 때마다 화장실을 들락거리는 것이 자신도 불편했지만, 가족도 그런 모습을 부담스러워했다고 전했다. 우리는 남성 노인 요실금 환자들이 그들 자신뿐만 아니라 가족들을 위해서라도 문제를 해결해야겠다는 동기를 얻게 만들면 좋겠다는 통찰을 얻었다.

모든 일을 하는 데 든 비용은 얼마였을까? 전화요금 50펜스 정도였다. 통찰을 얻는 작업에 많은 돈이 필요하지는 않다. 복잡할 필요도 없다. 광고 타깃의 마음을 잘 이해하지 못하면 아무 소용이 없기 때문이다. 그렇다고 모든 추적 데이터가 광고 타깃의 마음을 이해하는 데 도움을 주는 건 아니다. 가끔은 데이터 해석을 제대로 못했을 때, 완전히 다른 길로 빠질 수 있다. 이 문제는 다음 키워드에서 살펴보겠다.

# 17.
# 굿하트의 법칙

**목표를 엉터리로 설정했을 때 생기는 위험**

> 66

오늘은 이번 분기 마지막 근무일이다. 당신은 목표달성을 위해 대규모 세일을 시작해야 한다. 잘만 하면 보너스를 받을 것이다. 가장 오랫동안 거래했던 한 고객이 오늘 주문해주기로 약속했기 때문에 보너스 받기가 어렵지 않을 것 같다.

최종 주문 확인을 위해 전화를 걸었을 때, 그 고객은 지금 바쁘니 월요일에 서류 작업을 끝냈으면 한다고 전했다. 화들짝 놀란 당신은 10퍼센트, 아니 25퍼센트 할인을 제시하다 마침내 즉시 승인 조건으로 50퍼센트를 할인해주겠다고 말한다. 고객도 동의한다. 하지만 전화를 끊을 무렵 고객은 이전 거래 가격이 부풀려졌던 건 아닌지 의심하기 시작한다. 당황한 당신은 말을 버벅거리며 설득력이 약한 변명만 늘어놓는다.

> 99

앞의 이야기에서 당신이 기다렸다면 회사 매출을 2배로 늘릴 수 있었지만, 그랬다가는 보너스를 받지 못할 위험에 처했다. 당신 관점에서는 50퍼센트 할인이 합리적인 결정이었지만, 이는 고용주가 보너스 제도를 만든 의도와는 배치된다. 매출을 늘리기 위해 보너스 제도를 만들었는데, 오히려 매출이 줄었기 때문이다.

이처럼 의도하지 않은 결과를 낳는 잘못 설정된 목표가 '굿하트의 법칙'Goodhart's Law이다. 이 법칙을 간단히 정의하자면 이렇다. 방법이 목표가 되면 더 이상 좋은 방법이 되지 못한다.

의도하지 않은 결과의 악명 높은 사례는 1902년 봄, 베트남 하노이에서 찾을 수 있다. 당시에 흑사병이 발생하자 프랑스 식민주의자들은 쥐의 꼬리를 갖고 오면 소정의 포상금을 지불하겠다고 했다. 이러한 전략은 처음에는 성공을 거둔 것 같았다. 쥐의 꼬리가 쏟아져 들어왔기 때문이다. 3월에는 하루에 수백 개의 꼬리가, 5월에는 수천 개의 꼬리가 들어왔다. 그리고 6월 12일에는 무려 2만 114개로 그 숫자가 정점에 이르렀다.

이렇게 수집되는 꼬리 양은 계속 늘어났지만, 전체 쥐의 수가 줄어드는 것처럼 보이지 않았다. 오히려 쥐의 수가 더 늘어났다. 다만 꼬리가 있는 쥐의 수는 줄었다. 포상금을 받으려는 사람들이 먹이로 쥐를 유인해서 잡아 꼬리를 자른 후 다시 풀어준 것이다.

시간이 한참 지난 지금도 이 일화는 웃긴 것 같다. 허술하게 설정된 목표는 오늘날에도 여전히 여러 가지 문제를 일으킨다. 그런 문제는 시험 위주로 진행되는 수업부터 위험한 거래를 하는 은행원들에 이르기까지 곳곳에서 목격된다. 마케팅업계에 종사하는 사람들에게 가장 적절한 사례는 디지털 광고에서 찾을 수 있다.

## 온라인 평가가 일으킨 문제

하노이 일화가 주는 핵심 교훈은 어설프게 정한 목표가 근본 목적보다는 목표에만 피상적으로 부합하는 행동을 조장한다는 것이다.

대부분의 온라인 활동 목표는 즉각적인 판매량, 방문자, 시청 횟수 등 단기적인 효과만을 평가 대상으로 삼는다. 이런 단기적인 기준은 평가가 쉽기 때문에 애용된다. 하지만 쉽다고 효과적이진 않다. 결국 우리는 대부분의 광고가 효과를 내려면 시간이 걸린다는 걸 알고 있다.

안타깝게도 광고의 장기적인 영향을 평가하기가 힘들기 때문에 그런 영향을 아예 무시하려는 경향이 강하다. 최근 내 동료 피터 필드Peter Field는 IPA 광고 효과상 데이터뱅크를 분석했다. 데이터뱅크에는 광고의 투자수익률을 엄격하게 판단해서 부여하는 IPA 광고 효과상 후보 1,200여 곳에 대한 자세한 정보가 들어 있다. 필드는 단기 목표를 세운 후보 기업 비중이 2006년에 7퍼센트에서 2014년에는 33퍼센트로 늘어났다는 사실을 발견했다.

마케터가 옛날 농담에 나오는 술꾼이 된 것이다.

> 경찰이 가로등 아래에서 뭔가를 찾고 있는 술꾼을 목격하고, 잃어버린 게 뭔지를 묻는다. 술꾼은 열쇠를 잃어버렸다고 말했고, 두 사람은 가로등 아래에서 함께 열쇠를 찾는다. 몇 분 뒤 경찰이 정말 여기서 열쇠를 분실한 게 맞는지 묻자, 술꾼은 아니라고 대답한다.

경찰이 그럼 왜 여기서 열쇠를 찾고 있는지 묻자 술꾼은 이렇게 말했다. "여기에 불빛이 있으니까요."

마케터는 적절하기보다는 수집하기 쉬운 평가 항목<sub>metrics</sub>에 맞춰 자신의 활동을 최적화한다.

단기적인 평가 항목에 맞춘 이런 최적화 노력은 성공하는 것처럼 보인다. 최고의 성과를 낸 사람에게 더 많은 예산이 가는 반면, 최악의 성과를 낸 사람은 배제된다. 하지만 이런 성공은 착각에 불과하다.

레스 비네<sub>Les Binet</sub>와 피터 필드는 〈요점만을 말하다〉<sub>The Long and Short of It</sub>란 보고서를 통해 IPA 광고 효과상 데이터뱅크를 1차 분석한 결과, 단기적으로 가장 효과적인 방법이 장기적으로는 이상적인 방법이 아니라는 사실을 입증해냈다. 오늘날 광고 기획은 지속적인 판매 가능성이 아니라 단기적인 판매 성과 달성에 최적화되어 있었다. 그런 기획은 이미 이전부터 브랜드에 관심이 있었던 사람이 브랜드를 구입하게 만들지만, 브랜드에 우호적인 사람을 늘리는 데는 아무 소용이 없었다.


## 어떻게 현장에 적용할까

### 1. 균형 잡힌 평가 방법을 도입하라

디지털 평가 방법을 개선하는 가장 쉬운 방법은 각 광고 기획마다 다양한 평가 항목을 포함시키는 것이다. 대신 평가 항목의 균형은 맞춰야 한다. 광고의 장·단기적인 효과를 모두 감시할 수 있는 항목이 존재해야 한다. 이는 매출건별cost per sale이나 클릭건별cost per click로 광고비를 내는 방식처럼 표준화된 단기적인 평가 항목을 장기적인 브랜드 추적brand tracking으로 보완해야 한다는 뜻이다.

브랜드 추적 방법은 여러 가지가 있다. 가장 인기 있는 방법은 광고를 인식하는 사람들과 인식하지 못하는 사람들 사이의 태도 차이를 조사하는 것이다. 이런 차이는 광고의 영향력 때문에 생긴다.

간단하기는 하지만 이는 틀린 방법이다. 1961년에 처음으로 이 결함이 있는 방법을 주장한 광고계 인사의 이름을 따서 지어진 '로서 리브스 오류'Rosser Reeves fallacy에 빠질 수 있다. 이 방법은 광고 효과를 과장해버린다. 광고가 낯익고 그것에 관심이 많은 사람은 광고를 인식할 가능성이 매우 높다.

그보다 디지털 브랜드 추적은 광고에 노출된 광고 타깃에 속한 사람들과 광고에 노출되지 않은 제어 집단 사람들 사이의 태도 차이를 평가해야 한다. 다수의 시장조사 회사들이 IP 주소와 설문조사 응답지를 제출할 의사가 많은 소비자들을 활용하면서, 이러한 방법을 쓰기가 예전보다 쉬워졌다. 이로 인해 조사원들은 광고에 노출됐다는 사실을 기억하는 사람뿐만 아니라 광고에 실제로 노출됐거나 노출되지 않은 사람들 모두를 감시할 수 있게 됐다.

대형 디지털 광고는 미디어 관련 예산의 1퍼센트 정도를 이런 추적

활동에 배정해야 한다. 그렇게 해서 알아낸 내용을 곧바로 광고에 유익하게 이용할 수 있을 것이다.

## 2. 재량권을 발휘할 여지를 줘라

작지만 균형 잡힌 평가 항목들의 조합은 브랜드의 평가 방법을 개선시킬 수는 있으나 어떤 평가 항목이라도 불완전함을 이해해야 한다. 추적 데이터는 중복되기 십상이다. 복잡하고 혼란스런 현실을 감안하고, 그것을 쉽게 관리 가능한 숫자로 전환시켜야 한다. 하지만 그렇게 단순함을 추구하다가는 대표성을 잃을 위험이 있다.

이를 망각한 채 추적 데이터가 확답인 것처럼 숭배할 경우 문제가 생긴다. 데이터에 집착하는 현상이 점점 더 일반화되고 있다. 로리 서더랜드는 "마케팅은 차트 위에서 표현 가능한 것들에만 의미를 부여하는 좌뇌가 발달한 관리 계급에 의해 휘둘리고 있다."고 말했다. 좌뇌가 발달하면 언어, 수학, 논리 쪽이 특히 뛰어나다.

이처럼 정량화시킨 데이터에 대한 집착은 재량과 판단이 개입될 여지를 없애버린다. 두 가지 사례가 그로 인해 초래될 수 있는 결과를 잘 보여준다.

첫 번째 사례는 테리 리히Terry Leahy가 겪은 경험이다. 영국 슈퍼마켓 체인 테스코의 마케팅 사업부 사장인 그는 보리, 밀 등의 곡류에 있는 성분 가운데 건강에 좋지 않다고 여겨지는 불용성 단백질 글루텐gluten이 함유되지 않은 제품의 판매 실적을 분석했다. 그 결과는 이 제품들은 평균 이하의 판매 실적을 올리고 있었다. 글루텐 무첨가 제품을 산 사람들은 쇼핑할 때마다 이 제품을 몇 파운드어치만 샀을 뿐이었다. 이 순진한 분석 결과대로라면, 매대에서 해당 제품을 빼고 대신 더 잘 팔리는 제품을 넣어야 했다.

하지만 수치를 의심한 리히는 글루텐 무첨가 제품을 사는 사람들을 인터뷰한 후, 이 제품을 구할 수 있느냐 없느냐에 따라 그들의 슈퍼마켓 선택이 좌우된다는 사실을 알아냈다. 그들은 여러 곳의 슈퍼마켓을 방문하길 귀찮아 했기 때문에 이 특별한 제품을 파는 곳만 방문했다. 모든 슈퍼마켓이 우유와 계란은 팔았지만, 글루텐 무첨가 제품을 파는 곳은 소수에 불과했다. 리히는 이러한 통찰을 활용해 경쟁사보다 훨씬 먼저 글루텐처럼 특정 식재료를 배제한다는 의미를 가진 '프리 프롬'Free From 제품을 팔기 시작해 큰 성공을 거두었다.

알렉스 퍼거슨Alex Ferguson 맨체스터 유나이티드 전 감독과 관련된 두 번째 사례는 이렇게 행복하게 끝나지 않았다. 축구 통계 전문업체인 옵타Opta가 수집한 데이터에 따르면 맨체스터 유나이티드의 스타 수비수 야프 스탐Jaap Stam의 태클 횟수가 매 시즌마다 점점 더 줄어들고 있었다. 퍼거슨은 2001년 8월에 그를 즉시 이탈리아의 라치오팀으로 보냈다. 스탐의 줄어든 태클 횟수를 경쟁 클럽팀들이 알기 전에 높은 이적료를 받고 내보내고 싶었기 때문이다.

하지만 스탐은 이탈리아에서 전성기를 맞았고, 퍼거슨은 자신의 실수를 깨달았다. 태클 횟수 감소는 스탐의 기량이 쇠퇴한 게 아니라 좋아지고 있다는 걸 보여주는 신호였다. 그는 볼을 덜 빼앗겼고, 패스를 더 많이 차단했기 때문에 태클을 더 적게 해도 됐던 것이다. 퍼거슨은 스탐을 내보낸 게 감독 시절 저지른 최악의 실수였다고 인정한다. 이후로 그는 지나치게 단순화시킨 데이터에 현혹되지 않았다.

그렇다고 추적 데이터를 무시해도 좋다는 건 아니다. 어떤 방법이 완벽하기를 기대하는 건, 그것에 비합리적인 기대를 하는 것이나 다름 없다. 대신 추적 데이터가 당신의 재량과 판단에 필요한 증거를 제공한다는 사실을 의식해야 한다.

단기적 추적 데이터에 지나친 무게를 두는 죄를 저질러왔다면 그 사실을 감추지 마라. 동료들에게 당신이 저지른 잘못을 알려라. 이런 행동이 자신에게 불리해 보일 수 있겠지만, 약점의 인정은 당신을 더 매력적인 사람으로 만들어준다. 이는 '실수 효과'pratfall effect라는 용어를 처음 만든 미국 사회심리학자 엘리엇 애런슨이 찾아낸 사실이다. 참고로 실수 효과는 완벽한 사람이 실수를 하면 더 호감이 가지만, 실수가 잦거나 일반적인 사람이 실수를 하면 호감이 떨어지는 걸 말한다.

# 18.
# 실수 효과

어떻게 결점이 브랜드를 더 매력적으로 만들까

66

오늘 오후 당신의 주요 업무는 마지막으로 남은 2명의 팀장 지원자를 인터뷰하는 것이다. 두 번째 후보 인터뷰가 끝난 뒤 두 후보 모두 똑같이 적합한 경력을 갖고 있고, 학력도 상당히 좋으며, 일단 일을 시작하면 실행 가능한 아이디어가 많다는 걸 알게 되었다. 당신은 둘 중 누구를 골라야 할지 고민한다. 그런데 최종 후보자가 인터뷰를 마치고 일어날 때 발이 탁자 다리에 걸리고, 그가 마시고 남긴 커피가 새로 깐 바닥 위에 쏟아진다. 그는 사색이 돼서 황망히 자리를 떠난다.

99

당신이라면 누구를 선택할 것 같은가? 실수 효과가 맞다면 어설프게 행동한 후보자를 선택하는 게 맞다.

실수 효과는 1966년 하버드 대학 심리학자인 엘리엇 애런슨이 발견했다. 그는 동료 벤 윌러먼Ben Willerman, 조안 플로이드Joanne Floyd와 함께 일련의 퀴즈에 답하는 배우의 모습을 녹화했다. 첫 번째 실험 때 정답으로 무장한 배우는 퀴즈의 92퍼센트를 맞췄다. 퀴즈가 끝난 뒤 배우는 자신에게 커피를 쏟는 작은 실수를 저지른 척한다.

애런슨은 학생들을 2개의 방에 나눠 들여보낸 뒤, 서로 내용이 다른 영상을 보여줬다. 즉 한 집단에게는 커피를 쏟는 장면이 들어 있는 영상을, 다른 영상에는 그 장면을 뺀 영상을 보여줬다. 그리고 영상에 나온 사람에게 얼마나 호감이 가는지 물었다. 학생들은 실수한 사람에게 더 호감을 느꼈다. 이에 대해 애런슨은 이렇게 설명한다.

실수가 더 호감이 가게 만들었다. 실수를 함으로써 그가 더 다가가 기 쉽고, 더 꾸밈이 없고 인간적인 사람처럼 느끼게 만들어줬다.

## 60년이 지난 지금, 실수 효과가 제품에도 통할까

실수나 어설픔만 호감을 높여주는 건 아니다. 동료 제니 리델과 나는 결함이 제품에 대한 호감을 높여줄 수 있는지 알아봤다. 우리는 소비자 심리학자인 아담 페리어 Adam Ferrier의 비공개 연구를 모방해, 전국을 대표하는 626명에게 2종류의 과자를 제공하고 그중 어떤 과자를 더 선호하는지 물어봤다. 과자는 한 가지 작은 차이를 빼고는 모두 똑같았다. 하나는 가장자리가 울퉁불퉁했고, 다른 하나는 가장자리가 완벽하게 매끄러웠다.

사람들은 가장자리가 울퉁불퉁한 과자를 압도적으로 선호했다. 참여자 66퍼센트가 그것을 골랐다. 약간의 불완전함이 과자에 대한 호감도를 없애기보다 오히려 높여준 것이다.

# 어떻게 현장에 적용할까

## 1. 당신의 결점을 드러내라

최상의 적용 방법은 당신 브랜드가 가진 결점을 인정하는 것이다.

무모하단 생각이 드는가? 얼마나 많은 일류 광고가 그렇게 했는지를 생각해보면 무모하단 생각이 들지 않을지 모른다.

결점을 과시하는 광고의 가장 초기 사례 중 하나는 도일 데인 번박<sub>Doyle Dane Bernbach</sub>이 제작해서 미국에서 장기간 내보낸 폭스바겐 광고였다. 1959년부터 나온 이 광고는 비틀<sub>Beetle</sub>이 가진 결점을 찬양했다. 번박은 "흉하지만 목적지에 도달하게 해준다."는 문구가 붙은 달착륙선 사진이 나오는 인쇄 광고로 비틀의 모습을 완곡하게 희화화했다. 또 다른 광고에서는 "작게 생각하라."는 문구를 갖고 비틀의 크기를 언급했다. 나는 특히 더딘 속도를 강조한 "폭스바겐은 시간당 72마일(약 116킬로미터 —옮긴이) 이상으로 달리지 않는다(속도계상으로는 최고 속도가 72마일보다 훨씬 더 높은 90마일까지 달리는 것으로 되어 있지만)."는 문구에 관심이 쏠렸다. 번박은 이어서, 더딘 속도에도 불구하고 비틀이 "독일 내 거의 모든 속도 제한법을 위반할 수 있다."고 소비자에게 알렸다.

광고 전문지인 《애드 에이지》<sub>Ad Age</sub>는 이 광고를 20세기 최고의 광고로 뽑았다. 더 중요한 건 폭스바겐 광고가 자동차 판매 신장으로 이어졌다는 점이다. 1963년에 폭스바겐은 미국에서 27만 7,008대를 팔면서 수입차 브랜드 역대 최고의 판매고를 올렸다.

번박은 에이비스Avis 렌트카에도 이 정직한 광고 전략을 다시 썼다. 폴라 그린Paula Green이 쓴 광고 문구는 에이비스가 허츠Hertz 렌트카와 비교해서 대중성이 떨어진다는 사실을 강조했다. "당신은 2등일 때 더 열심히 노력합니다. 안 그러면 안 됩니다."란 문구였다. 광고를 선보이고 불과 1년 만에 에이비스는 120만 달러 흑자 달성에 성공했다. 10년 만에 이룬 첫 흑자였다. 이 전략은 크게 성공했고 이후 50년 넘게 이어졌다.

광고 대행사 로우Lowe는 스텔라 아르투아Stella Artois 맥주 캠페인을 1981년부터 시작하면서 "비싼 것은 가치가 있다."는 광고 문구로 고가의 가치를 강조했다. 광고상까지 받으며 스텔라 아르투아 맥주의 운명을 바꿔놓은 이 광고는 26년 동안 지속됐다.

AMV가 만든 기네스Guinness 맥주 광고는 "기다리는 자에게 복이 온다."는 기막힌 문구로 두 번에 걸쳐 천천히 따라 마셔야 맥주의 풍미를 제대로 느낄 수 있다는 점을 홍보했다. 전미 유제품협회National Dairy Council는 "아쉽지만 그런대로 괜찮은"이라는 문구(우연히도 이 문구는 인도에서 태어난 영국 소설가 살만 루슈디Salman Rushdie가 오길비 앤 매더에서 일하면서 창안했다)로 크림 케이크의 칼로리가 높다는 사실을 암시했었다.

약점을 인정하는 일은 정직하다는 걸 드러내는 방법이기 때문에 다른 주장도 더 신뢰가 가게 만든다. 거기에 덧붙여, 최고의 광고 문구는 하나를 취하는 대신 하나를 버려야 한다는 사실을 이용한다. 우리는 쓰라린 경험을 통해서 인생에 공짜가 없다는 사실을 알고 있다. 브랜드는 약점을 인정함으로써 자신과 관련된 긍정적 이미지를 확고히 다지게 된다.

기네스를 잔에 따라 마시는 데 시간이 더 걸리더라도 충분히 그럴 만한 가치가 있다. 에이비스가 판매 1위는 아닐지 몰라도 당신을 행복하게 만들기 위해 필사적으로 애쓴다.

브랜드도 실수할 수 있다는 걸 모두가 안다. 따라서 브랜드가 자신이 저지른 실수를 솔직하게 털어놓는다면, 중요하지 않은 영역에서 약점이 있는 거라고 소비자를 설득할 수 있다. 이 방법은 어떤 면에서 저가 항공사가 거둔 성공 비결이기도 하다. 처음 출범할 때 그들은 저렴한 가격을 유지하기 위해 서비스를 타협해야 했다는 점을 인정했다. 좌석 예약이 안 됐고, 수화물 허용량도 안타까울 만큼 적었다. 저가 항공사가 충분히 이런 문제를 인정하지 않았다면 소비자는 안전을 담보로 비용을 아꼈다고 생각했을지 모른다.

## 2. 때로는 허세도 효과적이다

애런슨이 변형한 실험은 주의의 필요성을 보여준다. 배경은 그대로 유지하고, 이번에는 배우가 무식한 척하면서 퀴즈의 30퍼센트만 맞추게 했다. 학생들이 또다시 그의 호감도를 평가했다. 이번 실험에선 어설프게 커피를 쏟는 모습이 그에 대한 호감도를 떨어뜨렸다. 실수 효과가 순전히 긍정적인 효과보다 '배수 효과'multiplicative effect를 낸 것이다. 실수 효과는 강한 브랜드를 더 강하게 만들기도 하지만, 반대로 약한 브랜드를 더 약하게 만들기도 한다.

　실수 효과는 경쟁사가 허풍을 떨 때 특히 효과적이다. 부동산 중개 업계만큼 허풍이 만연한 곳도 찾아보기 힘들다. 로이 브룩스Roy Brooks 는 이 틈새를 노려 1960년대에 무지막지할 정도로 정직하게 집을 팔 아 돈을 챙겼다. 그가 낸 광고는 대부분 이런 식이었다.

　　매수자 구함 : 런던 핌리코에 소재한 평판 나쁜 이 낡은 집을 사려 고 할 만큼 충분한 배짱과 특이한 취향과 재력이 있는 분을 구합 니다. 인간의 기본적인 품위 유지에 필요한 편의 시설과 관련해, 20세기 들어 누구의 손길도 닿지 않은 상태가 유지되고 있습니다. 곰팡이 냄새가 나거나 혹은 이보다 더 심하게는 벽에서 회반죽이 떨어져 나오고 있고, 지붕에 생긴 구멍을 통해 햇빛이 새어 들어오 고 있지만 한쪽 구석에 누더기, 담배꽁초, 빈병이 있는 걸로 봤을 때 여전히 거주는 가능합니다. 사회적 야심이 많은 분들이 자신의 인테리어 취향을 드러내고, 패션 잡지인《더 글로시》The Glossy에 실 릴 수 있는 가능성이 충분합니다. 그 무엇도 그분들이 영국 정계에 서 한 자리 차지하는 걸 막지 못할 겁니다.

　　집은 다소 불쾌한 느낌을 주는 10개의 방과 질척한 뒤뜰로 이루어 져 있습니다. 4,650제곱미터에 이르는 넓은 뒤뜰에 대한 평생 소유권을 가질 수 있습니다. 잔뜩 꾸며진 이 집의 가격은 1만 5,000 파운드입니다.

또 다른 광고에서 브룩스는 팔려고 내놓은 무너질 듯한 집안 계단을 이렇게 평가했다.

몸이 부실한 우리 직원 중 하나는 지하실 계단을 무사히 지나갔지만, 지인인 할스테드는 계단을 무너뜨렸습니다.

매수자에 대한 이야기도 빼먹지 않았다.

가족과 함께 우아한 도시 거주지, 되도록이면 벨그레이비어 Belgravia (런던 하이드파크 남쪽에 있는 고급 주택 지구 — 옮긴이)에서 집을 구하는, 다소 역겨워 보이는 노인이 찾아왔습니다. (중략) 그에게 가격은 중요하지 않지만 현실적이어야 합니다. 그는 적어도 정신이 똑바로 박힌 사람이거든요.

브룩스의 허세는 통했다. 그의 독특한 스타일은 엄청난 대중적 관심을 끌어모았다. 일요일자 신문 독자들은 습관적으로 브룩스의 광고를 찾아봤고, 그는 TV 토크쇼에 단골로 출연했다. 당신이 명품이나 자동차나 화장품처럼 늘 지나치게 긍정적인 면만을 부각시키는 광고업계에서 일한다면, 브룩스가 쓴 전략이 적합할지도 모르겠다.

또한 당신은 광고 타깃의 성별을 고려해봐야 한다. 케이 듀오<sub>Kay Deaux</sub> 뉴욕 시립 대학 심리학과 교수는 1972년에 남성이 여성보다 실수 효과에 더 흔들린다는 사실을 보여주는 실험을 했다. 당신의 브랜드가 남성을 공략한다면 약점을 인정하는 전략도 심각하게 고려해볼 만한 가치가 있다.

### 3. 지나친 완벽함을 벗어 던져라

마지막으로 광고 문구를 바꾸는 것만이 중요한 게 아니다. 수정을 하더라도 호의적이지 않은 고객 평가 해결에 도움을 줘야 한다. 많은 브랜드가 부정적인 평가를 감춘다. 하지만 2015년에 노스웨스턴 대학 산하 스피겔 조사 센터 Spiegel Research Centre 는 22개 카테고리에 걸쳐 있는 11만 1,460건의 제품 평가 내용을 분석하면서 평가 점수와 구매 확률의 연관성을 따져봤다.

센터는 5점 만점 기준으로 평가 점수가 만점이 아니라 4.2~4.5점 사이일 때 구매 확률이 가장 높았다는 걸 알아냈다. 카테고리 사이에서도 별반 차이가 없었다. 예를 들어 모발 관리의 경우 4.2점일 때 구매 확률이 가장 높았고, 전구는 4.5점이 가장 이상적인 점수였다.

완벽한 평가가 구매에 미치는 영향력이 적었던 이유는 그런 평가가 진실이라고 믿기에는 너무 좋게만 되어 있기 때문이다. 조사에 참가한 연구원들은 이렇게 말했다.

반직관적으로 보일 수 있겠지만, 부정적 평가는 신뢰와 진정성을 쌓는 데 도움을 주기 때문에 긍정적인 영향을 미칠 수도 있다. 소비자는 제품이 모든 사람의 비위를 맞출 수는 없다는 걸 이해하고 있다.

내가 좋아하는 비슷한 사례는 1984년에 나온 소설가 이언 뱅크스Ian Banks의 처녀작《말벌공장》The Wasp Factory과 관련된 이야기다. 뱅크스가 결국 출판사를 설득해 자신이 쓴 소설 중 한 편의 출간에 성공했을 때, 그의 나이 30세였다. 소설 출간이 늦어진 건 뱅크스가 출간에 애쓰지 않아서가 아니었다. 이미 14년 동안 총 4권의 소설을 썼지만, 모두 출간을 거절당했다.

인정을 받기 위해 그토록 오랫동안 애썼던 뱅크스는 오히려 전통을 깨고, "소설을 알리는 광고문 안에 긍정적 평가와 부정적 평가를 모두 집어넣어야 한다."고 주장했다. 그의 소설은《선데이 익스프레스》Sunday Express에 실린 것처럼 신랄한 평가를 받았다.

스코틀랜드 출신 미치광이 가족을 다룬 멍청하고도 자기만족에 빠진 가학적이고도 소름끼치는 장편 소설이다. 가족 중 한 명은 작은 생명체를 괴롭힌다. 여타 싸구려 공포 영화 대본보다는 잘 썼지만 사실상 쓰레기나 다름없고, 비디오 영화 대본과 문학적 차원에서 동급이다.

심지어《타임스》의 비판은 더 혹독했다.

> 작품으로서《말벌공장》은 범작 수준에 머문다. 지독하리만큼 솔직
> 한 말투와 플롯의 음란성이 대단히 아방가르드(20세기 초 프랑스와
> 독일, 스위스, 이탈리아, 미국 등에서 일어난 예술운동으로 기존의 예술
> 에 대한 인식과 가치를 부정하고 새로운 개념의 예술을 추구했다 — 옮긴
> 이)적 인상을 준다고 간주됐을지도 모른다. 하지만《말벌공장》은
> 문학에 심취한 런던을 속여 쓰레기를 존경하게 만들 의도가 담긴
> 100퍼센트 농담일지도 모른다.

뱅크스의 대담함은 성공했다. 사람들은 그의 독특한 소설에 주목했
다. 이는 많은 비평가들의 혹평을 강력한 울림이 있는 책으로 포지셔
닝한 게 신뢰를 얻었다는 걸 의미했다. 언론의 관심은 책이 베스트셀
러가 되고, 뱅크스가 독립적 사상가로 자리매김할 수 있게 도와줬다.


## 왜 현실에서 실수 효과를 찾아보기 힘들까

지금까지 6건의 실수 효과 사례를 언급했는데, 그 외에도 몇 가지 다
른 사례도 있다. 이러한 사례는 60년 동안 걸쳐 있으나, 그 사이에 나
온 수만 편의 광고 중 실수 효과를 이용한 광고는 극소수에 불과하다.

왜 그럴까? 스테펀 로스<sub>Stephen Ross</sub> 펜실베이니아 대학 교수가 최초로 제안한 주인-대리인 문제<sub>principal-agent problem</sub>를 통해 설명이 가능하다. 로스는 회사 주인인 주주와 대리인인 직원 사이에는 관심의 차이가 있다고 주장했다.

주인인 브랜드가 가진 관심은 대리인인 마케팅 매니저가 가진 관심과는 다르다. 광고가 실패하면 마케팅 매니저의 경력이 끝날지 모른다. CEO에게 비싼 제품이란 이미지의 광고를 내보내서 매출이 급감했다고 말한다고 상상해보라. 애런슨의 연구 결과도 마케팅 매니저를 구하지 못할 것이다.

약간의 경력상 위험을 감수할 준비가 된 사람에게 브랜드를 성장시킬 수 있는 최선의 기회는 브랜드의 결함을 드러내는 것이다. 하지만 주인-대리인 문제는 그것이 항상 쉽지 않은 전략임을 확인해준다. 안전한 출세를 보장받고 싶은 사람은 '승자의 저주'<sub>winner's curse</sub>를 피하는 등 다른 경로를 검토하고 싶을지 모른다. '승자의 저주'란 경쟁에서는 이겼지만 승리를 위하여 과도한 비용을 치름으로써 오히려 위험에 빠지게 되거나 커다란 후유증을 겪는 상황을 뜻하는 말이다. 다음 키워드에서 이 문제에 대해 이야기해보겠다.

# 19.
# 승자의 저주

디지털 매체 광고가 망하는 이유

> 66

가장 최근에 온 이메일까지 다 확인하고, 당신은 잠시 짬을 내어 경매 사이트인 이베이에 들어가서 경매 상황을 확인해보기로 한다. 당신은 현재 《왕좌의 게임》Game of Thrones 박스세트 입찰에 참가 중인데, 경매는 오늘 오후 끝날 예정이다.

그런데 오, 저런! 당신보다 더 높은 가격을 부른 사람들이 있다. 당신은 호가를 5파운드 더 올린다. 하지만 운이 나쁘다. 여전히 더 높은 가격을 부른 사람이 있다. 나쁜 놈!

다시 호가를 5파운드를 올린다. 그러다가 또 5파운드를 올린다. 당신의 호가가 제일 높을 때까지 계속해서 올린다.

> 99

경매에서 앞서감으로써 느끼는 만족감은 안 느껴도 좋은 감정일 것이다. 경제학자들은 경매 낙찰자가 통상 '승자의 저주' 때문에 예상 외로 많은 돈을 지불한다고 믿는다.

'승자의 저주'의 기원은 1950년대로 거슬러 올라간다. 당시 정유회사들은 알래스카 채유권 입찰에서 잇따라 과도하게 높은 비용을 지불했다. 일부 회사는 터무니없이 많은 돈을 지불한 나머지 파산했다. 리처드 탈러Richard Thaler 등의 경제학자들은 이런 문제가 생긴 원인을 조사한 끝에 명쾌한 설명을 내놓았다.

시카고 대학 행동과학 및 경제학과 교수인 탈러는 입찰자가 경매 도중 경매품에 대해 개인적 평가를 끝낸 뒤, 그 평가 수준에 이를 때까지 계속해서 호가를 올린다고 믿는다.

대중이 답을 알고 있다는 일명 '대중의 지혜'wisdom of the crowds로 알려진 현상 덕에 그런 모든 평가의 평균은 꽤 정확하다. 결과적으로 평가액 평균은 각 입찰자가 저지르는 실수의 균형을 바로잡아줄 것이다. 물론 평가액 평균이 정확하다면 낙찰가는 그보다 부풀려졌을 게 분명하다. 낙찰가는 가장 낙관적인 평가를 토대로 제시된 금액일 것이기 때문이다.


## 승자의 저주가 중요한 이유

대부분 브랜드 광고비에서 가장 큰 비중을 차지하는 게 매체 광고비이다. 종합적인 마케팅 정보를 제공하는 WARC/AA 보고서에 따르면 2015년 영국에서는 매체 광고비로 200억 파운드가 쓰였다.

지난 10년 동안 광고 공간 구입 방식에 급진적인 변화가 일어났다. 즉, 광고주가 매체 사주로부터 1,000회 노출 기준으로 하는 CPTCost per Thousand 방식의 가격을 협상하던 시스템에서 벗어나, 경매를 통해 경쟁하는 시스템으로 바뀌었다. 이런 새로운 변화 속에서 광고주는 개별 디지털 광고 노출을 실시간 입찰에 참여한다.

모든 매체가 경매로 거래되는 것은 아니지만 경매의 중요성은 점점 더 커지고 있다. 모든 검색과 대부분의 프로그래마틱 광고가 경매를 통해 거래된다. 영국 인터넷 광고국Internet Advertising Bureau에 따르면 2016년에 이 두 영역이 차지하는 전체 광고비 지출 비중은 87억 5,000만 파운드에 달했다. 프로그래마틱 광고가 라디오, 모바일 그리고 궁극적으로는 TV 같은 다른 매체로 확산되면서 액수는 더 늘어날 것이다.

## 어떻게 현장에 적용할까

### 1. 광고 타깃을 찾을 수 있는 특별한 방법을 만들어라

경매가 우리 생활의 일부가 됐기 때문에 브랜드는 더이상 경매를 무시할 수 없다. 대신 브랜드는 광고 타깃을 파악하기 위해 반대되는 평가 항목을 창조함으로써 입찰 전략을 조정해야 한다.

대부분의 브랜드는 광고 타깃의 나이와 소득을 토대로 광고 매체를 선정한다. 표준화된 방법이기 때문에, 이 방법을 쓰는 어떤 브랜드든 경쟁이 치열한 경매에 참여한다. 이렇게 경매 참여 브랜드 수가 늘어날수록 평균 입찰가는 더 명확해지고, 승자의 저주를 피하기가 더 어려워진다.

대부분의 브랜드가 이런 정형화된 방식으로 광고 타깃을 공략하기 때문에 약삭빠른 브랜드에게는 새로운 기회가 생긴다. 광고 타깃이 사용하는 인터넷 브라우저에 따른 공략 방법은 아직 알려지지 않은 방법으로 기회를 안겨줄 것이다.

브라우저 사용이 적절한 고객을 찾게끔 도와줄 수 있을까?

학습 및 인재관리 서비스 제공업체인 코너스톤 온디맨드Cornerstone OnDemand의 최고분석책임자Chief Analytics Officer 마이클 하우스먼Michael Housman 박사는 브라우저를 통해 사람들의 성격을 파악할 수 있다는 사실을 처음으로 제기했다.

그는 코너스톤 온디맨드가 일자리를 찾는 걸 도와준 5만 명에 대한 데이터를 분석한 끝에, 브라우저 선택이 그들의 업무 성과를 정확히 예측했다는 사실을 알아냈다. 즉, 크롬Chrome이나 파이어폭스Firefox처럼 기본으로 깔려 있지 않은 브라우저를 사용한 사람들은 인터넷 익스플로러처럼 기본으로 깔려 있는 일명 '디폴트'default 브라우저를 사용한 사람들보다 15퍼센트 더 장시간 일했다.

하우스먼은 이런 차이가 생긴 원인을 크롬이나 파이어폭스의 선택이 적극적 결정이라는 사실에서 찾았다. 즉, 두 브라우저를 쓴 근로자들은 개인용 컴퓨터에 미리 깔려 있는 브라우저보다 더 나은 검색 솔루션을 찾는 노력을 기울였다. 이는 그들이 변화가 없는 상태에 만족하지 못하는 사람임을 뜻하는 것이다.

어떻게 마케팅에 적용할까?

동료 클레어 린포드Clare Linford와 나는 하우스먼의 연구 결과가 마케터에게도 유용할 수 있는지 궁금했다. 아마도 주류인 디폴트 브라우저를 선택하지 않은 사람들은 다른 제품 카테고리에서도 똑같이 행동하지 않을까?

우리는 라거맥주를 마시는 224명을 대상으로 그들이 선택한 맥주 브랜드에 대해 질문하면서 이 가설을 검증해봤다. 우리가 그들이 애용하는 브라우저별로 결과를 분류했을 때, 명쾌한 결론이 나왔다. 디폴트 브라우저를 이용하는 사람 중 3분의 1만이 주류 맥주, 즉 가장 인기가 좋은 5종의 라거맥주 외에 다른 맥주를 선호했다. 하지만 디폴트 브라우저를 사용하지 않은 사람 중 56퍼센트는 비주류 라거맥주를 선호했다.

디폴트 브라우저 사용자들은 주류 라거맥주를 선호한 반면, 기본으로 깔려 있지 않은 브라우저의 사용자들은 비주류 브랜드를 좋아했다. 브라우저의 선택이 하우스먼에게 업무 성과와 관련된 힌트를 줬듯이, 마케터에겐 브랜드 선호도를 파악할 수 있게 해주었다.

사용 브라우저 유형별로 광고 타깃을 정할 수 있는 이상, 당신은 이 정보를 쉽고 유익하게 활용할 수 있다. 주류 브랜드는 인터넷 익스플로러처럼 기본으로 깔려 있는 브라우저를 공략해야 하지만, 비주류 브랜드는 크롬처럼 기본으로 깔려 있지 않은 브라우저를 공략해야 한다. 결정적으로 이는 브랜드가 좀처럼 사용하지 않는 신호이기 때문에 승자의 저주를 피하는 데 도움을 준다.

광고 타깃을 파악하는 문제에서 브랜드는 전설적인 크리에이티브 디렉터 존 헤거티가 "세상이 지그로 갈 때 재그로 가라."라고 말한 것을 명심해야 한다.

## 2. 광고 타깃의 가치가 올라가는 순간을 파악하라

광고주는 가처분 소득이 많은 상류층을 공략 대상으로 삼는다. 하지만 사람들의 지출 패턴은 일정하지 않다. 그래도 그들의 씀씀이가 정기적으로 예측 가능하게 급증하는 순간이 있다. 바로 월급날이다.

제니 리델과 나는 200명의 소비자를 대상으로 그들의 월간 지출 패턴을 조사했다. 월급을 받은 뒤 1주일 동안 지출이 증가하는 게 가장 큰 변화였다. 소비자 3명 중 1명은 이때 조금 혹은 많이 지출을 더 늘렸다.

소비자의 나이에 따라 데이터를 나눠서 살펴보자, 18세부터 34세까지의 소비자 그룹이 월급을 받은 뒤 1주일 동안 지출 증가 현상이 두드러졌다. 그들 중 절반에 가까운 47퍼센트가 이때 지출을 늘렸다. 아마도 이 연령대에 속한 사람들이 소득이 낮아 이런 일이 생기는 것인지도 몰랐다. 그들은 월말의 월급날 전까지 월급을 다 써버릴 가능성이 높았다.

결정적으로 월급날은 예측 가능한 순간이다. 우리 조사에 참가한 소비자 중 64퍼센트는 월말에 월급을 받는다고 했다.

우리의 조사는 주장을 모은 데이터를 근거로 했기 때문에 신중하게 다뤄져야 한다. 하지만 매튜 샤피로Matthew Shapiro 미시건 대학 경제학과 교수가 실험을 통해 우리 조사의 신뢰성을 뒷받침해줬다. 그는 주장만 하지 않고 실험으로 검증했다.

샤피로는 300일 동안 계좌잔액을 추적하는 스마트폰 앱인 체크Check 데이터를 활용해서 2만 3,000명의 소비 패턴을 조사했다. 데이터는 월급날 지출이 평균 70퍼센트 늘어난다는 걸 보여줬다. 고지서 납부 대금을 제외하더라도 월급날 지출은 평균 40퍼센트가 늘어났는데, 이런 현상은 약 4일 동안 지속됐다. 샤피로는 자신이 미처 고려하지 못한 고지서 납부 때문에 일부 지출이 늘어난 건 아닌지 걱정하면서, 월급날 이후 3~4일 동안 지출이 20퍼센트가 늘어난 패스트푸드와 커피 같은 특정 카테고리들을 대상으로 분석해봤다. 이번에도 소득 수준별로 지출이 획일적으로 늘지는 않았다. 다시 말해 저소득층 사람들은 월급날 이후 돈을 물 쓰듯이 쓰는 경향이 강했다.

소비자가 월급날에만 지출을 늘리는 건 아니다. 생일이나 성과급을 받을 때처럼 뜻밖의 소득이 생겼을 때마다 언제나 지출을 늘리는 경향을 보인다. 오하이오 주립대학 심리학 교수인 할 아르케스Hal Arkes, 신시아 조이너Cynthia Joyner, 마크 프레조Mark Prezzo는 1994년에 이런 현상을 알아보기 위한 실험에 착수했다. 실험을 위해 학생들을 모아 절반에게 실험 시작 1주일 전에 그들이 3달러를 받게 된다고 미리 알려줬다. 나머지 절반의 학생들은 학점을 받게 된다고 알고 있었다. 하지만 학생들이 실험실에 도착했을 때, 모두 3달러를 받았다.

학생들은 그 돈을 간단한 주사위 게임에 걸 수 있는 기회를 얻었다. 기대하지 않았던 돈을 받은 학생들은 평균 2달러 16센트를 게임에 건 반면에, 이미 돈을 받을 거라는 걸 100퍼센트 예상하고 있었던 학생들은 1달러만 게임에 썼다.

뜻밖에 생긴 돈이 일반 소득에 비해 더 탕진할 가능성이 높다는 실험 결과는 광범위한 범위의 환경 속에서 반복되어 왔다. 세계은행World Bank 경제학자인 룩 크리스챈슨Luc Christiaensen은 중국과 탄자니아에서도 유사한 결과를 찾아냈다. 노동의 대가로 얻는 임금이나 보수 이외의 소득인 불로소득은 옷, 술, 담배, 선물을 사는 데 쓸 확률이 높지만, 일해서 번 돈은 주식主食과 교육을 위해 쓰는 경향이 강했다.

이런 사실은 광고 타깃 선정에 영향을 미친다. 상류층 공략에는 돈이 많이 든다. 그렇기 때문에 그에 대한 대안으로 예측 가능한 순간, 즉 중산층 이하가 상류층과 같은 수준으로 돈을 쓸 때 그들을 집중 공략하는 것이다.

### 3. 더 좋게 바꿔라

승자의 저주를 피하는 한 가지 전략은, 돈을 지불하고 사는 광고 노출에서 경쟁사보다 확실하게 더 많은 가치를 얻어내는 것이다. 그렇게 하면 경쟁사 중 하나가 광고 노출의 가치 이상으로 돈을 내고 입찰에 나선다고 해도 여전히 당신이 더 유리할 수 있다. 광고 노출 시 많은 가치를 얻기 위한 두 가지 기본 전략이 있다.

- 전략 1 : 당신이 노출한 광고가 경쟁사보다 확실히 더 잘 눈에 띄어 소비로 이어지게 하라. 이때 네 번째 편향에서 설명한 독특함이 가진 힘을 살펴보는 것도 적절한 방법일 수 있다.

- 전략 2 : 일단 소비자가 당신 사이트를 방문했다면, 최대한 효과적으로 그들을 바꿔놓아야 한다.

### 4. 호가를 깎는 기술

마지막 전략은 가장 간단하다. 당신이 과도하게 호가를 부르는 경향이 있다면, 호가를 약간 깎아라. 1,000회 광고 노출이 5파운드의 가치가 있다고 추산한다면, 호가를 4파운드 50펜스로 10퍼센트 정도 낮춰라.

승자의 저주의 경우에는 집단이 문제를 일으킨다. 시장의 집단적 생각을 뛰어넘기란 힘들다. 그렇다고 집단이 항상 골칫거리는 아니다. 광고 타깃을 설정할 때 사람들이 집단으로 몰려 있는 시기에 공략하는 게 더 효과적일 수 있다. 바로 이어서 그렇다는 증거를 보여주겠다.

# 20.
# 집단의 힘

집단을 공략하면 광고 효과가 올라가는 이유

> 오후 4시 3분이다. 잠시 후 당신은 시간을 다시 확인한다. 오후
> 4시 7분이다. 오후가 더디게 흘러가고 있다. 이메일을 확인하고, 근
> 무 시간 기록표를 작성한 뒤 일을 끝마치기로 한다.
>
> 당신은 유튜브에 올라온 영국 코미디 쇼《앨런 파트리지》Alan
> Partridge를 보기로 한다. 당신이 찾아낸 첫 번째 쇼에서 앨런은 점점
> 흥분하고 있는 농부를 어설프게 인터뷰한다. 인터뷰는 앨런이 농부
> 가 돼지들이 담배를 피우게 만들고, 백조에게 버거를 먹였다고 비난
> 하면서 끝난다. 웃음이 터져 나왔지만 억지로 눌러 참자 콧방귀 소리
> 가 난다.

쇼가 재미있다고 느낀 이유 중 하나는 쇼에 녹음된 웃음소리가 사용
됐기 때문이다. TV 연출가들은 다른 사람의 웃음소리를 들으면 같은
내용도 더 웃기게 느껴진다는 걸 오래전부터 알고 있었다. 이런 통찰
은 TV나 라디오가 생기기 이전부터 생겼다.

극장주가 관중석에 앉아서 공감하는 모습을 보여주는 사람들에게
돈을 주는 사례는 16세기로 거슬러 올라간다. 이런 꼭두각시들을 앉
혀놓는 게 일종의 관행이었기 때문에 19세기에 극장주들은 웃음 기술
전문가뿐만 아니라 박수를 치는 사람, 요청하면 울어주는 사람, '앙코

르'를 외치는 사람을 고용했다. 극장주는 이런 서비스를 제공하는 사람들에게 후하게 사례했다. 위대한 공연은 무대 위에서만 이뤄지는 게 아니라는 걸 알고 있었기 때문이다.

발레 비평가인 바딤 가예프스키 Vadim Gayevsky 는 이렇게 말했다.

청중은 자신을 믿지 못하고, 다른 사람을 믿는다. 다른 누군가가 아주 적극적이고 열심히 박수를 치는 소리를 들으면 뭔가 특별한 일이 벌어지고 있다고 생각한다.


## 집단역학은 광고에 어떻게 영향을 주나

1991년 휴스턴 대학 심리학과 교수인 용 장 Yong Zhang 과 조지 진칸 George Zinkan 의 실험 결과는 유머의 전염성을 잘 보여준다.

두 교수는 학생 216명을 모아서 1명, 3명, 6명의 집단으로 나눈 뒤 중간에 청량음료 광고가 나오는 30분짜리 뮤직 비디오를 보여줬다. 실험의 현실감을 최대한 높이기 위해 학생들에게 먼저 선호 음악에 대해 묻겠다고 알려줬다.

실험 결과, 학생들은 혼자서 비디오를 봤을 때 광고의 재미를 가장 낮게 평가하는 경향을 보였다. 반면에 3명과 6명씩 집단으로 모여 광고를 봤을 때 혼자서 봤을 때보다 각각 21퍼센트와 10퍼센트 더 재미

있다는 반응을 보였다.

이처럼 집단이 미치는 영향은 심리학에서 말하는 '사회적 증거' 때문일지 모른다. 사회적 증거란 주변 사람들의 행동이나 태도가 우리 자신의 행동에 영향을 끼치는 걸 말한다. 예를 들어 누군가 광고를 보고 웃으면 다른 사람도 광고가 재미있다고 생각하는 식이다.

그렇다면 브랜드는 유머의 이런 사회적 성격으로부터 무엇을 배울수 있을까? 핵심은 광고의 재미는 그것이 가진 창의성뿐만 아니라 어떤 매체를 통해 광고를 내보내느냐의 문제와 연관된다는 점이다. 당신은 광고를 외톨이 소비자보다는 집단에게 보여줌으로써 재미있다는 인식을 높일 수 있다.

## 집단이 웃음에만 영향을 주는 건 아니다

집단이 미치는 영향은 웃기는 광고에만 국한되지 않는다. 2014년, 게리 쉬테인버그Garriy Shteynberg 테네시 대학 사회심리학과 부교수는 팀원들과 함께 소집한 121명의 학생들에게 TV를 통해 30장의 사진을 보여줬다. 학생들은 혼자서 혹은 짝을 지어 사진을 보면서 각 사진에 대한 느낌을 평가해야 했다.

그런데 여럿이 같이 사진을 본 학생들은 혼자서 본 학생들보다 더극단적인 반응을 나타냈다. 그들은 행복한 사진을 보면 더 행복해했고, 슬픈 사진을 보면 더 슬퍼했다. 연구원들은 다른 학생들에게도 집단으로 무서운 광고와 슬프거나 행복한 장면이 담긴 비디오를 보여줬는데, 결과는 비슷했다.

쉬테인버그는 이 결과를 진화론적 관점에서 설명했다. 우리 인류는 지금까지 살아오면서 대부분의 시간 동안 집단에 의존해 생존해왔기 때문에, 다른 집단 구성원들이 어떤 사건에 관심을 보이면 똑같이 그렇게 행동할 만한 가치가 있다고 생각한다는 것이다.


## 어떻게 현장에 적용할까

### 집단이 보는 순간의 우선순위를 매겨라

내가 언급한 실험들은 소비자가 웃기거나 감성적인 광고를 모아서 봤을 때 그 효과가 배가된다는 사실을 보여준다.

당신이 TV 광고를 할 경우, 광고를 내보낼 장르와 프로그램을 신중히 선택함으로써 광고 타깃이 집단적으로 보게 만들 확률을 높일 수 있다. 예를 들어 인도의 정보기술 서비스 업체 인포시스Infosys의 데이터에 따르면, 사람들은 일반 TV 프로그램보다 영화와 다큐멘터리, 뉴스를 모아서 같이 볼 가능성이 전체적으로 약 2배 정도 더 높다.

채널 기획의 관점에서 봤을 때 영화관에서 웃기거나 감성적인 광고를 트는 것도 좋을 수 있다. 훨씬 더 큰 집단이 광고를 소비하게 되기 때문이다. 광고업계 평가 조사기관인 페임<sub>FAME</sub>에 따르면 성인들은 평균적으로 2.7명이 모여서 영화를 보러 간다.

2009년에 밀워드 브라운이 이러한 효과를 정량화한 조사 결과를 발표했다. 브라운은 한 익명의 브랜드가 두 지역에서 똑같은 광고를 내보내게 했다. 한 지역은 영화관에서만, 그리고 다른 지역은 TV로만 내보냈다.

영화관에서 광고를 본 사람들은 TV로 광고를 본 사람들보다 훨씬 더 광고가 재미있다고 생각했다. 다시 말해 전자는 61퍼센트가 "유머를 즐겼다."라고 대답한 반면, 후자는 52퍼센트만 그렇게 대답했다. 아울러 '광고가 머릿속에 남는다'고 생각하는 비율도 영화 광고는 많게는 21퍼센트, 적게는 15퍼센트 더 높았다.

이러한 전략을 쓴다고 해서 평범한 광고가 위대한 광고로 바뀌지는 않는다. 그러나 일반적인 방식으로 전달되는 광고보다는 더 좋은 반응을 얻을 수 있을지 모른다. 당신이 변화를 추구하고 있다면 가격이 가진 힘을 다루는 다음 키워드가 흥미로울지 모르겠다.

# 21.
# 베블런재

**어떻게 비싼 제품일수록 사람들이 더 원할까**

66

동료의 생일날, 팀원 중 한 명이 깜짝 파티를 준비했다. 애벌레 모양의 케이크와 샴페인을 준비한 것이다. 파티에는 역시 샴페인이 제격이다. 시원하고 상쾌하면서 뒷맛은 미묘하게 달콤하다. 당신은 샴페인 잔을 비운 뒤 조금 더 마시기 위해 주방으로 향한다.

싱크대 위에는 반쯤 마신 스파클링 와인 몇 병이 놓여 있다. 어쨌든 그건 샴페인은 아니었다. 가격표를 보니 주류 판매점에서 4파운드 99펜스를 주고 산 것이었다. 당신은 와인으로 잔을 채운 뒤 한 모금 마셔본다. 음미해보니 단맛이 약간 강하게 느껴진다.

당신이 느낀 와인 맛은 와인 가격에 영향을 받았다. 이전 경험을 통해 비싼 제품이 품질도 더 좋은 경향이 있다는 걸 배웠기 때문이다. 이런 믿음이 뿌리 깊게 박혀 있다 보니 믿음은 현실이 된다.

99

생각을 조정하는 가격의 힘은 댄 애리얼리Dan Ariely 듀크 대학 심리학 및 행동경제학과 교수의 연구 주제였다. 2008년 애리얼리는 온라인 직거래 사이트인 크레이그리스트Craigslist에서 82명의 실험 참가자를 모집했다. 그들은 과학 실험이란 명목으로 진통제 복용 전과 후 각각 한 번씩, 총 두 차례에 걸쳐 기꺼이 약한 전기 충격을 받겠다고 나선 사람들이었다. 애리얼리는 참가자들을 반으로 나눠 두 집단에게 진통제1알 가격이 각각 2달러 50센트와 10센트라고 다르게 알려줬다. 그런데 실제로 두 집단 사람들은 모두 위약僞藥, 즉 가짜 약을 받았다.

싼 진통제를 복용한 사람들 중에선 61퍼센트만이 고통이 줄었다고 대답했다. 더 비싼 진통제를 복용한 사람들 중 고통이 줄었다고 대답한 사람의 비율은 85퍼센트로 더 높았다. 사람들은 비싼 진통제가 더 효과가 좋다고 생각했고, 이런 생각은 실제로 느끼는 효과에도 영향을 미쳤다.


## 비싼 향수의 향이 더 좋다


이 연구 결과에 흥미를 느낀 동료 레베카 스트롱과 나는 우리 동료 직원들을 상대로 앞의 실험을 상업적으로 적용할 수 있는지 알아보는 실험을 했다. 우리는 응접실에 다양한 종류의 향수가 놓인 가판대를 설치했다. 향수마다 가격을 붙여 놓았다. 응접실에 온 직원들은 향수 샘플의 냄새를 맡아본 후 구매 가능성을 평가했다.

실험이 절반 정도 끝났을 무렵, 우리는 40파운드라고 적힌 테스트 향수 가격표를 80파운드라고 적힌 가격표로 교체했다. 이 약간의 변화가 큰 차이를 만들었다. 가격을 올렸을 때 직원들이 테스트 향수를 더 좋게 평가할 가능성이 2배 이상 높았던 것이다. 가격이 40파운드였을 때는 불과 33퍼센트의 직원들만 향수에 10점 만점 중 7점 이상의 점수를 주었다. 하지만 가격이 80파운드로 올라가자, 향수에 7점 이상의 점수를 준 직원 비율도 78퍼센트로 올라갔다. 이번에도 역시 제품 자체의 변화와 무관하게 가격이 품질에 대한 생각에 영향을 미쳤다.

## 어떻게 현장에 적용할까

### 1. 포트폴리오 전략

많은 브랜드가 다양한 품질과 가격의 제품 포트폴리오를 갖고 있다. 가격대에 따라 PB 상품을 밸류Value, 스탠다드Standard, 파이니스트Finest 세 가지로 나눠서 팔고 있는 테스코를 예로 들어보자. 혹은 입문자용 모델부터 최고급 모델에 이르기까지 다양한 제품을 파는 독일 자동차 회사 아우디를 생각해보자.

표준 광고 예산을 책정하는 방법은 각 제품 라인의 판매량에 따라 예산을 배정하는 것이다. 하지만 앞에서 설명한 실험들은 품질에 대한 인식을 높이기 위해 애쓰는 수많은 브랜드에게 대안을 제시해준다. 즉, 가격이 품질에 대한 생각에 영향을 미치는 이상, 영리한 브랜드는 최고급 제품에 편중해서 예산을 편성해야 한다. 이렇게 하면 제품 포트폴리오가 전체적으로 품질이 좋다는 인상을 준다.

아우디도 이런 전략을 썼다. 아우디는 저가형 모델의 경우 TV 광고를 거의 하지 않는다. 대신에 가장 매력적이면서 변함없이 비싼 모델만 TV 광고를 한다. 수십만 달러를 호가하는 최고가라 판매 대수가 많지 않은 스포츠카 R8조차 TV 광고를 내보냈다.

보다 극단적인 전략은 변형 고급 제품을 출시하는 것이다. 2015년에 맥도날드가 4파운드 69펜스에 시그니처 버거를 선보인 게 대표적 사례다. 미슐랭 스타 식당 출신의 요리사들이 디자인했고, 주문이 들어오는 즉시 조리에 들어갔으며, 브리오슈 번brioche bun(버터, 설탕, 계란이 많이 들어간 빵으로, 주로 고급 햄버거에서 사용―옮긴이)을 곁들인 시그니처 버거는 품질에 대한 자신감을 드러내는 신호 역할을 한다.

이런 전략이 정확하게 계산된 것이라는 사실이 중요하다. 이때는 변형 고급 제품의 판매량이 아니라, 브랜드에 대한 전체 이미지가 어떻게 바뀌었는지에 따라 전략의 성공을 판단해야 한다.

## 2. 할인점을 주의하라

고가가 이미지 개선에 도움을 준다면 저가는 무엇에 도움이 될까? 바바 시브Baba Shive 스탠퍼드 대학 마케팅과 교수가 이 질문의 답을 찾아내기 위해 나섰다.

시브는 학생들을 모아 수학 문제를 풀게 한 뒤 모든 정답에 대해 소정의 금액을 지급했다. 테스트를 받기 전 학생들은 정신 집중에 좋다고 하는 카페인이 함유된 에너지 드링크를 마시는 게 허용됐다. 학생들 중 절반이 제 가격을 주고 에너지 드링크를 샀지만, 절반은 할인된 가격에 샀다. 후자의 사례에 해당하는 학생들은 30퍼센트 더 적게 정답을 맞췄다. 고가 제품은 기대감을 높이는 만큼 저가 제품은 기대감을 낮춘다.

이는 가격인하를 통해 시장점유율을 끌어올리려는 많은 브랜드들이 심각하게 고민해봐야 할 문제다. 단기적으로 효과가 있는 전략이 장기적으로는 오히려 좋았던 이미지만 훼손하며 브랜드에 해를 끼칠 수 있다.

마틴 소렐 WPP CEO는 흥미로운 음식물 비유를 만들어냈다.

> 판촉 활동은 나쁜 콜레스테롤과 같다. 판매를 신장시키지만 브랜드 건강을 해친다. 반면에 광고는 좋은 콜레스테롤과 유사하다. 판매를 신장시키면서 수익성과 브랜드 자산 가치를 유지해준다.

나쁜 콜레스테롤이라도 약간만 섭취한다면 괜찮듯이 가끔 할인 등의 판촉 활동을 해도 나쁘지 않다. 하지만 브랜드는 다양한 판촉 활동에 나서서는 안 된다. 중독성이 강해서 위험하기 때문이다. 영국 소비자 잡지인《위치?》Which?가 최근 공개한 숫자를 보면, 영국에서 팔리는 모든 식료품 중 40퍼센트 이상이 판촉 활동을 통해 나가고 있다.

브랜드는 장기적 건전성을 유지하기 위해 오랫동안 계속 하는 판촉 활동은 피해야 한다.

## 3. 조사 샘플을 고려하라

행동과학에 대한 비판 중 하나가 조사 샘플의 대표성이 없다는 것이다. 가장 대표성이 있는 사람보다는 종종 학생처럼 모으기 가장 쉬운 사람들을 모아 실험한다는 비판이다.

정당한 비판이다. 향수 실험은 내가 처음 해본 실험이었고, 직원을 동원했기 때문에 실험의 가치가 제한됐다. 실험을 다시 할 기회가 생긴다면 일반인들을 모아서 할 생각이다. 이번에도 단출하게, 시내 중심가에 가판대를 세운 뒤 선물을 주겠다고 약속하며 지나가는 사람들을 실험에 참여시킬 것이다. 내가 찾아낸 가장 효과적인 선물은 1파운드짜리 긁는 복권이다. 가격도 저렴하고, 현금보다 효과도 더 좋은 것 같다.

규모가 크다고 해서 데이터의 신뢰성이 높아지는 게 아니라는 것도 충분히 생각해둬야 한다. 데이터는 대표성을 가져야 한다. 성급히 빅데이터를 활용하려다가 이 점을 간과하기 쉽다. 영국 신문 《파이낸셜 타임스》Financial Times의 칼럼리스트 팀 하포드Tim Harford는 운전 중 마주치는 포트홀(아스팔트 포장 표면에 생기는 작은 구멍—옮긴이) 등 도로 위 위험요소에 관한 정보를 자동으로 시에 전송해주는 스마트폰 앱 스트리트 범프Street Bump를 예로 든다. 이 앱은 2012년 보스턴 시가 개발했다. 시 당국은 앱을 통해 받은 데이터를 활용해 도시 정비 트럭에게 수리 지시를 내렸다. 작업자들을 일단 내보내서 포트홀을 찾아 도로 곳곳을 누비게 만든 이전 방식보다 훨씬 더 똑똑하게 진화된 방식이었다.

한 가지 문제만 빼고 말이다. 하포드의 설명을 들어보자.

스트리트 범프 앱은 사실상 스마트폰을 소유한 사람들이 더 많은
젊고 부유한 동네 위주로 포트홀을 체계적으로 정리해놓은 지도
를 만든다. 스트리트 범프는 사용 가능한 전화기로 모든 포트홀을
기록할 수 있다는 점에서 '숫자가 모든 걸 말해준다'는 인상을 준
다. 하지만 이것은 도시 전체의 포트홀을 기록하는 것과는 다른 문
제다.

또 다른 위험은 서둘러 정확한 데이터를 얻으려다가 테스트 설계가
지나치게 복잡해질 수 있다는 위험이다. 그러다 보면 테스트 설계 비
용이 올라가 실험 횟수가 제한된다. 대충 준비된 테스트를 하는 것보
다도 못하다. 테스트를 하는 목적은 의문에 100퍼센트 확실한 답을 찾
아내기보다, 광고 메시지로 더 대규모로 테스트해보는 데 필요 충분한
증거를 얻는 것이다.

행동경제학을 둘러싼 우려는 대표 표본에만 국한되지 않는다. 브라
이언 노섹<sub>Brian Nosek</sub> 버지니아 대학 심리학과 교수 같은 비평가들은 행
동경제학에서 하는 일부 실험이 재현 불가능하다는 문제를 지적했다.
다음 키워드에서 이 문제에 대해 논의해보겠다.

# 22.
# 재현 가능성의 위기

엉터리 연구에 대응하는 마케터의 자세

> 66

당신은 커피를 한 모금 마시다가 움찔한다. 지난 2주일간 뜨거운 음료를 마실 때마다 어금니에서 짜릿한 통증이 느껴졌다. 결국 통증이 더 악화되기 전에 치과에 전화를 걸어 의사를 만나기로 한다.

전화벨이 몇 번 울리자 접수 담당자가 전화를 받는다. 그녀는 걱정하는 기색을 보인 뒤 진료가 가능한 시간을 확인한다. 그러다가 "죄송하게도 데니스 선생님께서 목요일 오전 10시에만 진료가 가능하시네요."라고 대답한다.

시간 예약을 잡고 전화기를 내려놓으면서, 당신이 전화를 건 치과 의사 이름이 미국에서 가장 흔한 이름인 걸 알고 웃는다.

> 99

미국의 치과의사 이름 중에 '데니스'가 가장 많다는 말이 있다. 치과의사를 뜻하는 영어단어 'dentist'를 발음할 때 t를 거의 묵음처리해서 발음하면 얼핏 데니스와 비슷하게 들려서 나온 우스갯소리다. 사람들이 자기 이름과 연관된 직업에 끌리는 현상을 '기명 결정주의' nominative determinism라고 한다. '방어하다'는 뜻의 단어 '마크'가 이름에 들어간 벨기에 축구선수 마크 드 만 Mark de Man, '눈보라'를 뜻하는 '블리자드' blizzard 가 이름에 들어간 BBC 기상 캐스터 사라 블리자드 Sara Blizzard, 그리고 '거미집'을 뜻하는 '웹' web과 발음이 같은 글자가 이름에 들어간 《타란

툴라 잘 돌보기》Proper Care of Tarantulas의 저자 앤 웹Ann Webb 등이 좋은 예들이다. 마지막 예에서 '타란툴라'tarantula는 '독거미'의 일종이다. 하지만 내가 좋아하는 사례는 따로 있다. 바로 이것이다. 1923년 신경 저널인 《브레인》Brain이 헨리 헤드 경Sir Henry Head의 후임 편집장을 찾았는데, 후임자 이름은 더 가관이었다. 로드 브레인Lord Brain이었다.

과거 오랫동안 이 이론을 지지한 사람들 중에 유명인이 많았다. 1952년에 유명 심리학자 칼 융Carl Jung은 "사람의 이름과 그의 특성들 사이에 아주 가끔 기괴하게 일치하는 점들이 있다."고 말했다. 그는 고통은 피하고 쾌락을 추구하려는 본능인 쾌락원칙pleasure principle을 처음 주창한 오스트리아의 정신분석학자 지그문트 프로이트Sigmund Freud의 성姓인 'freud'에 '기쁨'이란 뜻이 있다는 걸 지적했다.

이 이론은 일화에 의해서만 뒷받침되는 게 아니다. 실험으로 입증된 사례도 있다. 2002년 뉴욕 주립대학 심리학과 교수인 브렛 펠햄Brett Pelham, 매튜 미렌버그Matthew Mirenberg, 존 존스John Jones는 〈수지가 해안에서 조개껍데기를 파는 이유는〉Why Susie Sells Seashells by the Seashore이라는 제목의 논문을 발표했다. 그들은 미국 인구통계국 데이터를 분석한 결과 데니스와 월터라는 이름은 둘 다 똑같이 흔하지만, 월터보다는 데니스라는 이름을 가진 치과 의사가 88퍼센트 더 많다는 사실을 발견했다.

인간이 스스로를 연상시키는 것들을 무의식적으로 선호한다는 가설인 '내재된 자기중심성'implicit egotism 때문에 그런 게 아닌지 학자들이 의심했다. 다시 말해 사람들은 자기 이름에서 친밀감을 느껴 이름과 비슷한 소리를 내는 활동에 끌리게 된다는 것이다. 설득력 있는 설명이다.

하지만 문제는 그것이 사실이 아니라는 것이다.


## 엉터리 연구에 속지 않는 방법

일화, 설명, 증거가 설득력 있게 들리지만 그 이론이 엄격한 증거에 의해 뒷받침되는 건 아니다. 마침내 2011년 워튼 경영대학원의 유리 시몬슨Uri Simonsohn 교수에 의해 그 이론은 뒤집혔다. 그는 데니스가 직업 종사자들 사이에서 더 흔한 이름임을 지적했다. 간단히 설명하면 전체 인구에서 월터나 데니스란 이름을 쓰는 사람 수가 똑같더라도, 월터는 구세대가 압도적으로 선호하는 이름이었다. 그래서 경제활동을 하는 나이대에 있는 데니스란 이름을 가진 사람들이 더 많을 뿐이었다.

기명 결정주의만 틀렸다는 게 밝혀져야 할 유일한 이론은 아니다. 브라이언 노섹은 엉터리 연구로 찾아낸 이론을 척결하려고 애썼다. 그는 270명의 과학자를 불러 모아 그동안 발표됐던 98건의 심리학 실험을 똑같이 따라하게 시켰다. 원래 실험과 똑같은 결과가 나온 실험의 비율은 걱정스러울 정도로 낮았다.

사용된 통계 방법에 따라 결과가 다르긴 하지만 실험의 36퍼센트에서 47퍼센트 정도만이 재현에 성공했다.

하지만 왜 그렇게 성공률이 낮은 걸까?

원래 실험이 완전 사기였다는 주장에서부터, 혹은 완전 운에 의해, 연구자가 원하는 결과나 어떤 유의미한 통계 결과가 도출되길 기대하며 무작정 수십 개 변수를 시험해보는 소위 'p값 사냥'p-hacking을 했기 때문이란 주장까지 다양하게 제기되었다.

노섹의 작업은 우리에게 단 한 차례의 실험으로만 뒷받침되는 결과에 지나치게 의미를 부여하지 않도록 주의해야 함을 환기시켜준다.


## 어떻게 현장에 적용할까


### 1. 냉소적으로 되지 말고 의심하라

노섹이 실시한 일련의 실험들은 상당한 반향을 일으켰다. 심리학을 비판하던 일부 인사들은 심리학적 결과를 무시해야 한다고까지 주장했다. 바이런 샤프Byron Sharp 남호주 대학 마케팅과학 교수는 심리학 연구 결과를 연구계의 '시시한 구경거리' 내지는 '연약한 꽃'이라고 조롱하기까지 했다.

하지만 심리학에 대한 이러한 폄하가 정당할까?

댄 길버트Dan Gilbert 하버드 대학 심리학과 교수는 주의를 당부했다. 그는 노섹의 방법론에 대해 많은 부분 비판했다. 그는 새로운 연구 중 일부가 원래 연구를 신뢰할 수 있게 재현되지 못했다는 점에 주목했다. 맥락은 사회심리학의 핵심 원칙 중 하나이고, 따라서 진정한 재현 실험을 하기 위해선 일관되게 유지돼야 한다. 또 다른 전문가들은 심리학 비판 프로젝트에 참가하게 된 유형의 과학자들이 편향된 사고를 하거나, 심리학 실험 사례가 틀렸음을 입증하고 싶어했을 수 있다는 점을 추가로 지적했다.

무엇보다 길버트는 재현 실험이 고작 한 차례만 시도됐다는 점을 가장 혹독하게 비판했다. 노섹은 소위 '다수 연구 재현 프로젝트'Many Labs Replication Project라는 이전 연구를 통해, 13개 연구를 재현할 목적으로 36곳의 연구소와 다양한 재현을 시도했다. 결과를 전부 모아 보니, 이 프로젝트를 통해 13개 연구 중 10개가 입증됐다. 하지만 불과 한 연구소의 실험만 분석됐다면 다수의 연구들이 재현에 실패했음을 시사해 줬을 것이다.

일부 연구에 결함이 있고 일부는 심지어 사기일 수 있다는 게 사실이지만, 그렇다고 해서 심리학 분야 전체를 매도하는 건 지나친 반응이다. 심리학을 아예 배척한다면 다른 학문도 그렇게 하지 못할 이유가 없다.

다니엘 파넬리Daniele 스탠퍼드 대학 선임 연구 과학자는 《네이처》Nature지에 "재현성은 신약 개발과 종양 생물학과 연관된 문제에 더 가까울 수 있다."고 주장했다. 아울러 2016년에 콜린 캐머러Colin Camerer 캘리포니아 공과대학의 행동 재무경제학과 교수는 18건의 경제학 연구 중 7건이 재현에 실패했다(다른 통계적 방법이 사용될 경우 재현 성공 숫자는 4건으로 더 줄어든다)는 내용의 연구 결과를 발표했다. 이것은 분명 심리학 외에 다른 학문들도 관련된 문제다.

심리학 내지 경제학 연구 결과에 완전히 등을 돌리는 건 터무니없는 짓이다. 그럼에도 불구하고 노섹의 연구는 주의가 필요하다는 걸 보여준다. 단 하나의 연구를 결정적 증거처럼 간주해서는 안 된다. 적절한 편향을 발견했다고 믿는다면, 그것에 거액을 투자하기 전에 작은 규모로 테스트해보는 게 바람직하다.

항상 주의 깊게 행동해야 하지만, 그렇다고 냉소주의의 덫에 빠져서는 안 된다.


## 2. 마케터는 확신이 아닌 이익에 신경을 써야 한다

학자들이 연구 결과를 공개할 가치가 있다고 판단하는 일반적인 기준은 95퍼센트 이상 유의미한가 여부다. 이는 결과가 임의적으로 나올 확률이 5퍼센트 정도여야 한다는 뜻이다. 노섹이 재현 실험을 했을 때 적용한 기준도 이 숫자였다.

하지만 95퍼센트가 과연 적절한 기준인가?

이런 특정 숫자의 선택이 임의적이다. 추론통계학의 개척자이자 영국의 통계학자, 양조기술자인 윌리엄 실리 고셋William Sealy Gosset은 "요구하는 확신의 정도는 당신이 직면한 문제의 성격에 따라 달라져야 한다."고 주장했다.

당신이 이제 막 길을 건너려 한다고 상상해보자. 차를 피할 수 있을

거란 95퍼센트의 확신은 길을 건너기에는 위험할 정도로 낮은 기준이다. 만약 당신이 승산이 반반인 내기를 하자는 제안을 받았다면, 당신은 확신의 정도를 좀 더 낮춰야만 한다. 만약 95퍼센트 수준으로 승리를 확신해야 내기 제안을 받아들인다면, 이길 수 있는 많은 기회를 놓칠 것이다. 행동하는 것뿐만 아니라 하지 않는 것에도 대가를 치러야 한다.

고셋이 이처럼 맥락에 민감하게 반응한 이유는 그의 학술적 배경보다는 상업적 배경과 관련이 있을지 모른다. 고셋은 기네스 맥주 양조장에서 일했다. 그는 이전까지 효모 양을 양조기술자들의 경험에만 의지해 맥주 맛이 일정하지 않았던 문제를 개선하고, 최고의 맛을 내는 효모 투입량을 알아내기 위한 통계적 기법을 개발해 대성공을 거둔다. 그의 목적은 확실한 맛의 창출이 아닌 최대한의 이윤 창출이었다.

많은 마케팅 결정들이 95퍼센트의 확신을 요구하지는 않는다. 로리 서더랜드의 말을 들어보자.

나는 가끔 학자들에게 우리가 쓸 수 있는 흥미로운 실패한 실험들이 있는지를 묻는다. 20퍼센트의 실험 참가자들만이 10퍼센트의 시간 동안만 이례적인 어떤 행동을 한다면, 그것이 학술 논문에서는 무용지물이더라도 기업에게는 유용할 수 있다.

긍정적인 결과를 낼 가능성이 크고, 부정적인 결과를 낼 가능성이 적다면 95퍼센트의 확신을 주장하는 건 잘못이다. 이런 위험성은 수많은 마케팅 상황에 존재한다.

당신이 방금 사람들이 기분이 좋을 때 광고에 더 잘 주목하는 경향이 있다고 주장하는 논문을 읽었다고 치자. 다음 단계로 약간의 실험을 실시해봐야 한다. 새로운 실험이 과거 실험과 효과 면에서 대동소이하다면, 재차 실험해볼 필요는 없다. 이때는 잃을 것이 많지 않다. 하지만 실험 결과가 기준 실험 결과보다 더 좋게 나올 경우, 매번 규모를 늘리면서 여러 번 반복해볼 수도 있다. 확률은 당신에게 유리한 쪽으로 기운다. 실패는 한 번이지만, 성공은 오래 지속된다.

심리학자들이 벌이는 새로운 실험들을 열심히 찾아보고자 하는 욕심을 내도 좋다. 전망 있어 보이는 실험을 볼 때마다 작은 규모로 테스트해보라. 편향이 미치는 영향을 평가할 때는 반드시 각각의 사람에게 미치는 다양한 효과를 나눠서 확인해봐야 한다. 다음에 다룰 최근의 연구는 편향이 다양한 방법으로 여러 사람들에게 영향을 준다는 사실을 보여줬다.

# 23.
# 다양성

언제, 어디서나, 영원히 효과적인 방법은 없다

> 당신은 맛있고 다양한 에일맥주를 파는 이 술집을 엄선해서 추천해 줬다. 술집에 도착해서 어떤 맥주를 살지 잘 몰라 주류 펌프를 살펴본다. 보통 때라면 흑맥주를 고르지만, 펌프 상단에 있는 잔은 하프문Half Moon의 포터맥주(에일과 유사한 어두운 색의 맥주─옮긴이)가 모두 팔렸다는 걸 보여준다.
>
> 당신은 대신 IPA맥주를 본다. 브록웰Brockwell의 IPA에는 '금주 최고 인기 맥주'라는 딱지가 붙어 있다. 마시기 좋을 것 같다. 하지만 톨 트리스 세션Tall Trees Session의 IPA는 알코올 도수가 강하지 않기 때문에 이미 잔뜩 술을 마시고 온 당신 입장에선 매력적인 선택처럼 보인다.
>
> 남자 바텐더가 다가오고 당신은 즉흥적으로 결정한다. 당신은 "톨 트리스 한 잔 주세요. 소금과 식초 감자칩 두 봉지도요"라고 주문한다.

앞에서 나는 사회적 증거의 효과를 설명했다. 사회적 증거 메시지는 소비자에게 어떤 선택이 가장 인기가 있는지를 알려주는 메시지이기도 하다.

로버트 치알디니 교수는 타월 재사용에 대한 실험을 통해서 고객의 주장과 상관없이 사회적 증거 메시지가 사람들의 행동을 극적으로 바꿔놓을 수 있다는 걸 보여줬다. 사회적 증거가 가진 힘은 흡연부터 음식 선택, 음악 다운로드와 세금 징수에 이르기까지 다양한 시나리오를 통해 입증되어 왔다. 이번 상황에 가장 적절하게도, 리처드 클레이 Richard Clay와 나는 사회적 증거가 맥주 선택에 영향을 준다는 사실을 입증했다.

그러나 그 편향이 오늘밤의 당신에겐 왜 영향을 주지 못했을까?

넛지 nudge라는 말이 있다. 넛지는 '팔꿈치로 슬쩍 찌르다'나 '주의를 환기시키다'란 뜻을 가진 영어 단어인데, 심리학에서는 강압하지 않고 부드러운 개입으로 사람들이 더 좋은 선택을 할 수 있도록 유도하는 것을 말한다. 사회적 증거가 넛지다. 하지만 넛지가 매번 모든 사람의 행동을 바꿔놓지는 못한다. 넛지는 마술이 아니다. 다만 사람들이 특정 방향으로 행동하도록 만들 가능성만 높여줄 뿐이다.

하지만 왜 사회적 증거에 영향을 받는 사람이 있고, 받지 않는 사람이 있을까? 최근 연구는 이 문제를 더 자세히 살펴보고 있다.

## 사회적 증거가 언제 가장 효과적일까

영국 정부 부서에 최고의 행동 관행을 전파하기 위해 설립된 사회적 기업 행동통찰팀이 진행한 가장 유명한 실험 중 하나는 사회적 증거가 납부기한 내 납세를 유도한다는 걸 보여줬다. 앞에서 확인했듯이 "대부분의 사람들은 납부기한 내 세금을 납부한다."는 메시지는 납부기한 내에 세금을 내는 납세자 수를 15퍼센트 끌어올렸다.

이보다 덜 알려진 사실은 앞의 메시지가 납세자들에게 각기 다른 방식으로 영향을 미쳤다는 것이다. 다양성의 정도가 극심해서 일부 납세자 집단에겐 이 사회적 증거 메시지가 역효과를 내기도 했다. 예를 들어 기준 집단과 비교해 상위 5퍼센트인 채무자들 사이에서는 사회적 증거로 인해 세금이 오히려 25퍼센트 덜 걷혔다. 이런 상황은 3만 파운드 이상의 빚을 진 상위 1퍼센트 납세자들 사이에서 더 극명했다. 사회적 증거 메시지가 사용됐을 때 그들의 납세액은 무려 35퍼센트나 감소했다.

데이비드 핼펀 행동통찰팀 CEO는 대기업을 경영하면서 상당한 세금을 내는 사람들은 자신을 특별한 존재로 간주하기 때문에, 사회적 증거가 반생산적인 효과를 냈다고 가정했다. 그들은 다른 사람들의 행동이 자신과는 상관없다고 믿는다는 것이다.

이런 흥미로운 결과를 바탕으로 행동통찰팀은 더 자세히 알아보기로 했다. 2015년에 그들은 9만 8,784명의 채무자를 대상으로 최대 채무자에겐 어떤 메시지가 납세 유도에 가장 효과적인지 알아보는 테스트를 실시했다.

가장 효과적인 메시지는 미납 세금이 초래할 부작용에 초점을 맞춘 것이었다. 납부기한 내 세금을 내지 않을 경우, NHS 같은 공공 서비스를 제대로 받지 못하게 될 거라는 점을 강조했다. 이처럼 '피해'를 부각시키자 상위 5퍼센트 채무자들 사이에서 납세율이 8퍼센트 올라갔다. 또한 최상위 1퍼센트 채무자들 사이에서는 납세율이 무려 43퍼센트

상승했다.

단언컨대 불특정 다수에게 두루두루 적용되도록 메시지를 만드는 건 이상적이지 않다. 세금 징수의 경우 가장 효과적인 메시지는 광범위한 사회적 증거 메시지와 함께, 최고 금액 납세자들에게는 체납 시 손해를 강조하는 보완 메시지를 같이 내보내는 것이었다.


## 어떻게 현장에 적용할까

### 1. 성공에 안주하지 마라

넛지를 써서 개선된 결과를 얻은 뒤 일을 마무리한다는 생각은 유혹적이다. 하지만 행동통찰팀이 겪은 경험은 세분화한 시장에 맞춤 전략을 적용해야 업무 개선이 이루어진다는 걸 보여준다. 그러려면 인구, 태도, 행동 집단별로 나눠서 테스트할 수 있는 대형 표본이 필요하다. 이로 인해 연구비용이 더 드는 건 아니지만 상당한 개선 효과를 누릴 수 있다.

내가 만난 오웨인 서비스Owain Service 행동통찰팀 상무이사는 먼저 간단한 실험을 해보라는 조언을 해줬다. 일단 넛지를 써서 사업에 효과가 있었다면, 더 복잡하고 광범위한 세분화를 추진해보라는 것이다.

일단 데이터를 세분화하고, 사회적 증거처럼 테스트 중인 편향의 세분화된 시장별 효과를 이해했다면 그에 맞춰 전략을 가다듬어야 한다.

특정 편향에 부정적으로 반응하는 집단이 있다면 대안을 테스트해봐야 한다.

## 2. 편향과 과제를 맞추기

한 가지 상황에서 효과적인 편향이 다른 상황에서는 부작용을 일으킬 수 있다. 따라서 편향을 필수 과제에 맞춰야 한다. 가장 적극적인 넛지를 선택하기 위해서는 어떤 목적을 달성하려는지 이해해야 한다.

희소성과 사회적 증거를 예로 들어보자. 사회적 증거는 많은 사람들이 하는 일은 분명 좋은 일이라는 일반적 믿음을 바탕으로 하고 있다. 이 편향이 효과적인 자기보호 전략이었다는 점에서 진화론적 관점으로 설명이 가능하다. 위협을 받을 때는 몰려 있으면 안전하다.

반면에 희소성은 한정판이 매력적인 이유를 설명해준다. 소비자는 희소성이 있는 제품은 분명 가치가 있다고 생각한다. 진화론적 관점에서 보면, 이런 생각 역시 타당하다. 하지만 이번에는 짝짓기 영역에서 그렇다. 짝을 성공적으로 유인하는 전략은 대중으로부터 두각을 나타내는 것이다. 화려한 깃털을 뽐내는 공작이나 과시적 소비가 그런 사례들이다.

다시 말해 임의적으로 편향을 적용하는 것은 금물이다. 낭만적 순간에는 희소성 편향을, 두려운 순간에는 사회적 편향을 적용하라.

블라다스 그리스케비커스Vladas Griskevicus 미네소타 대학 마케팅 및 심리학과 교수의 연구를 살펴보자.

그가 이끄는 연구팀은 154명의 학생들을 모아 무서운 영화나 로맨틱한 영화 중 한 편을 보게 했다. 연구팀은 학생들을 놀라게 만들려고 공포영화《샤이닝》에 나오는 무서운 장면을 7분 동안 보여줬다. 또 다른 학생들은 로맨틱한 기분을 느끼게끔《비포 선셋》을 보여줬다.

정말 그럴까? 처음 실험에 대해 여기까지 읽었을 때 나는 의심이 들었다. 영화 장면이 진짜 특별한 기분을 이끌어낼 수 있을까? 하지만 연구팀은 재차 확인했다. 그들은 학생 96명을 추가로 모아서 문제의 영화를 보여줬다. 이후 학생들은 자신의 기분을 평가했다. 결과적으로 자극은 연구팀이 의도한 효과를 냈다.

다시 원래 분위기로 돌아오자 연구팀은 학생들에게 박물관이나 카페에 대한 광고를 보여줬다. 각 광고는 사회적 증거를 담은 버전과 희소성 메시지가 담긴 버전, 두 가지였다. 예를 들어 박물관 광고는 박물관을 특이한 경험 내지 대중적 경험으로 묘사했다. 학생들은 15초 동안 2종류의 광고를 본 뒤 9점 만점으로 광고의 매력을 평가했다.

두려움을 느낀 학생들은 사회적 증거 메시지가 가장 매력적이라고 평가했다. 희소성 메시지보다 31퍼센트 더 높은 점수를 받았다. 반면에 로맨틱한 기분에 빠진 학생들은 희소성 메시지를 더 선호했다. 사회적 증거 메시지보다 30퍼센트 더 높은 점수를 받았다.

이것은 상당히 실용적인 결과다. 공포 영화와 로맨틱 영화는 TV에 자주 방영한다. 사회적 증거나 희소성 메시지를 사용하는 광고를 내보낼 생각이라면, 적절한 프로그램에 맞춰 내보내야 한다.

광고 타깃별로 맞춤형 편향을 쓰면 유리하듯이, 맞춤형 광고 문구를 쓰는 게 유리하다. 다음 키워드에서는 개인 맞춤형 광고의 장단점에 대해 얘기해보겠다.

# 24.
# 칵테일파티 효과

**개인 맞춤형 광고가 갖는 힘**

> ❝
>
> 당신은 우연히 몇몇 직장동료들이 최근에 밤에 외출했다가 겪은 일에 대해 떠드는 소리를 듣는다. 다소 장황한 이야기 속에서 갑자기 들린 어떤 소리에 귀를 쫑긋 세운다. 방금 방 반대편에서 당신 이름이 들린 것 같다.
>
> ❞

1950년대 초 콜린 체리 ₍Colin Cherry₎ 도 비슷한 경험을 했다. 어느 날 저녁 친구들과 파티에서 수다를 떨고 있던 도중 방 반대편에서 자기 이름을 부르는 소리를 들었다. 그는 왜 나머지 대화 내용은 들리지 않고 자기 이름만 들렸는지가 궁금했다. 사람들이 그의 이름을 더 크게 말해서 그런 건 아닌 것 같았다.

임페리얼 칼리지의 인지 과학자인 체리는 우리가 의식적으로 처리 가능한 수준 이상으로 정보에 노출되어 있어 이런 기이한 일을 겪는다고 믿었다. 잠재의식은 우리의 지각 정보 대부분을 처리하고, 아주 일부만 의식적으로 처리한다. 우리의 뇌가 어떤 정보에 의식적으로 관심을 가져야 할지 판단하는 방법 중 하나가 개인 관련성이다. 이렇게 칵테일파티처럼 여러 사람의 목소리와 잡음이 많은 상황에서도 본인이 흥미를 갖는 이야기를 선택적으로 들을 수 있는 현상을 '칵테일파티 효과' ₍cocktail party effect₎라고 한다.

## 매체 환경은 붐비는 술집과도 같다

체리의 이론은 광고주들에게 흥미롭게 느껴질 수밖에 없다. 왜냐하면 그 이론이 광고주들이 가장 신경 쓰고 있고 주목하고 있는 문제를 해결해주기 때문이다.

몇 년 전《가디언》지는 우리가 기억하는 광고의 비율을 정량화했다. 《가디언》지는 한 기자 얼굴에 시선 추적 헤드셋을 씌운 후 런던 거리를 걸어보게 했다. 헤드셋은 그가 보는 광고를 추적 관찰했다. 몇 시간 뒤 그 기자는 기억나는 광고를 모두 적어봤다. 기억할 수 있는 광고는 그가 노출됐던 전체 광고의 1퍼센트도 채 되지 않았다.

체리의 연구는 개인 맞춤이 관심을 끄는 한 가지 방법임을 보여준다. 그리고 광고주 입장에서는 이제 그러한 맞춤형 광고가 과거 어느 때보다 하기 쉬워졌다. 소비자가 온라인에서 데이터 흔적을 남기기 때문이다.

하지만 이런 전략에는 근본적인 문제가 있다.

## 할 수 있다고 해서 반드시 해야 하는 건 아니다

고객 이름을 사용하는 배너 광고는 시선을 끌긴 하지만 불쾌한 느낌을 준다. 고객은 자신의 개인 데이터를 공적 자산으로 생각하는 광고

주 때문에 불안감을 느낀다. 조사에 참가한 사람 304명 중 34퍼센트는 개인 맞춤형 배너 광고를 절대로 용납할 수 없다고 불평했다.

이는 추적 불가능한 사생활 문제보다는 습관으로 자리잡지 못했기 때문이다. 개인 맞춤은 역사가 오래된 개인 고객에게 직접 보내는 광고용 우편물 같은 매체라면 용납이 가능하다. 조사 참가자들 중 불과 23퍼센트만이 개인 맞춤형 서한을 용납할 수 없다고 생각했다.

새로운 매체가 등장할 때마다 늘 공분이 뒤따른다. 지금의 신문광고는 그다지 해롭게 보이지 않는다. 하지만 1892년 당시에 《타임스》지가 사설 옆에 광고를 싣자, 이를 두고 한 독자는 "지독하게 상스럽다."며 불만을 터뜨리기도 했다. 그 이전에 광고는 신문 뒷면에 따로 실렸다.

1952년에 BBC 창립자인 로드 리스Lord Reith는 상업용 TV가 천연두와 흑사병처럼 나쁜 영향을 미칠 거라고 말해서 유명해졌다. 아무리 신랄한 비평가라도 TV가 그토록 유해해질 거라는 생각에 동의하지 못할 것이다.

개인 맞춤에 대한 혐오는 시간이 지나면 약해질 것이다. 하지만 그러한 기대는 미래의 세계가 아닌 지금의 세계를 그대로 다뤄야 하는 현재의 광고 활동에는 도움이 되지 못한다.

두 번째 문제는 잘못된 개인 맞춤이 부작용을 일으킬 수 있다는 점이다. 목표 설정에 사용되는 데이터에 간혹 오류가 있어 이런 일이 흔하게 일어난다.

이번 내용을 쓰면서 나는 구글이 나를 공략하기 위해 사용하는 데이터를 살펴봤다. 누구나 구글 광고 개인 최적화(https://adssettings.google.com/authenticated)로 들어가면 본인 데이터를 찾아볼 수 있다. 구글은 내가 35세부터 44세 나이의 남성이라고 생각한다. 정확하게 맞췄다. 또한 구글은 내가 운동화, 커피, 민속음악, 축구에 관심이 있다는 사실도 정확히 맞췄다. 하지만 내가 투기, 트럭, 보트 타기에 관심이 있다는 생각은 틀렸다.

이런 잘못은 문제를 일으킨다. 광고 대행사 VCCP의 창립자 찰스 발랜스 Charles Vallance 는 이렇게 말했다.

헛다리를 짚은 게 틀린 것보다 훨씬 더 안 좋다. 2개의 주州가 인접해 있다는 이유로 요크셔 출신 사람을 랭커스터 출신이라고 말하는 것과 같다. 스타벅스에서 내 앞에 있는 손님이 '피어스' Piers 라고 적혀 있어야 하는 컵 대신에 '파이들' Pies 이라고 적힌 컵을 받은 것과 같다.

## 어떻게 현장에 적용할까

### 1. 부드러운 전략을 취하라
개인 맞춤이 초래할 수 있는 위험을 감안했을 때 브랜드는 선을 넘지 않도록 조절해야 한다. 균형을 맞추기가 까다로운 건 맞지만, 현지 시장에 맞는 제품을 내놓는 현지화<sub>localization</sub>를 통해 맞출 수 있다. 현지화는 자칫 충분히 고객의 기분을 상하게 만들 수 있는 개인화를 하지 않아도 관심을 끌어모으는 데 적절하다.

JC 데코가 한 실험은 이런 현지화 전략이 가진 강점을 입증해줬다. 그들은 광대역 인터넷 서비스 업체를 위해 2종류의 포스터를 광고했다. 하나는 영국 전체에 서비스가 가능하다는 내용이 담긴 포스터였고, 다른 하나는 광고 장소인 런던의 번화가 차링크로스 역 서비스를 강조한 포스터였다. 후자의 지역 맞춤형 광고를 무의식적으로 인지한 사람이 전국적 성격의 광고를 인지한 사람보다 14퍼센트 더 많았다.

## 2. 신뢰의 빈틈 메우기

현지화는 기억력 개선 외에도 여러 가지 혜택을 준다. 나는 전국을 대표하는 소비자 500명에게 가짜 새 에너지 관세에 대해 알려줬다. 소비자를 반으로 나눠 절반에겐 관세 덕에 가구당 평균 100파운드를 아낄 수 있었다는 말을, 나머지 절반에겐 그들이 거주하는 도시가 같은 금액을 아낄 수 있었다는 말을 해줬다.

후자의 설명을 들은 소비자 10퍼센트는 관세가 상당한 가치가 있다는 생각에 동의한 반면, 전자의 설명을 들은 소비자 중에 똑같은 생각을 한 사람은 4퍼센트에 그쳤다. 약간의 문구 수정만으로 2배 넘는 차이가 생겼다.

이는 현지화가 기억력뿐만 아니라 영향력도 증대시킨다는 걸 보여준다.

그런데 왜 그럴까? 소비자가 광고에서 나오는 주장에 냉소적이라서 그럴 수 있다. 여론조사 기관 입소스 모리가 소비자 2,000명을 대상으로 조사를 해보니, 이들 중 38퍼센트는 광고를 좀처럼, 혹은 절대 믿지 않는다고 주장했다. 그들은 모호한 주장이 잘못된 통계를 감추고 있을 가능성이 있어 일반적이고 평균적으로 아낄 수 있는 돈을 강조한 광고를 무시했다. 현지화된 광고 문구는 이런 걱정을 경감시켜준다. 구체적인 주장이 속을 여지를 줄여주기 때문이다.

### 3. 개인 맞춤일 때 더 효과적인 자선활동

현지화는 사람들이 홀로 있을 때보다 주위에 사람이 많이 있을 때, 도움을 필요로 하는 사람에게 도움을 덜 제공하는 현상인 '방관자 효과'로 인해 피해를 보는 자선활동 분야에 특히 도움을 줄 수 있다.

방관자 효과는 1960년대 후반 각각 컬럼비아와 프린스턴 대학 심리학과 교수 빕 라타네와 존 달리가 처음 연구했다. 두 사람은 앞에서 언급했던 1964년 일어난 키티 제노비스의 끔찍한 피살사건을 계기로 연구에 착수했다. 이 사건은 뉴욕 역사상 가장 끔찍했던 살인 사건 중 하나였다. 이 폭력적인 사건을 37명 혹은 38명(《뉴욕타임스》는 두 숫자를 모두 언급했다)이 목격한 것으로 간주됐지만, 그들 중 누구도 사건에 끼어들지 않았다. 언론은 이를 시민들의 도덕적 추락을 상징하는 사건으로 해석했다.

하지만 라타네와 달리는 다른 방향에서 사건을 바라봤다. 방관자가 많았음에도 '불구하고'가 아니라 많았기 '때문에' 아무도 끼어들지 않았다는 것이었다. 이런 가설을 검증해보기 위해 두 사람은 다수의 가짜 긴급사태를 만든 뒤, 사람들이 혼자 있을 때와 집단으로 있을 때 중 언제 더 도움을 주려고 할 가능성이 높은지 관찰했다. 한 실험에서 그들은 학생들을 모아 개인적 문제에 대한 조사를 실시했다. 학생들이 조사를 마치는 동안 한 연구원이 옆방에서 간질 발작이 일어난 척했다. 혼자 있던 학생들 중에 85퍼센트가 연구원을 도우러 갔다. 하지만 학생 4명이 모여 있었을 때는 31퍼센트로 떨어졌다.

라타네와 달리는 다른 종류의 긴급사태를 만들어서 실험을 반복해봤다. 그럴 때마다 결과는 같았다. 모여 있던 사람들이 도움을 주고자 나설 가능성이 더 낮았다.

자선활동 광고는 사람들이 개별적으로 도와달라는 요청을 받고 있다는 느낌을 만들어줘야 한다. 집단으로 도움 요청을 받았을 경우 사람들은 '다른 사람들도 같이 부탁을 받았는데 굳이 왜 내가 불편과 위험을 감수하고 도와주러 나서야 할까?'라고 생각한다.

사람들에게 개별적으로 부탁하는 게 불가능하다면 현지화가 부분적으로나마 이 문제를 해결해줄 수 있다. 관련 사례로 내가 참가했던 NHS 헌혈 광고 프로젝트를 들 수 있다. 이때 우리는 영국 전체가 아니라 특정 지역의 혈액 재고가 감소하고 있다는 점을 부각시킬 수 있게 기존 광고를 각색했다. 그러자 앞서 말했던 대로 헌혈하는 사람들이 현저히 늘어났다.

## 4. 브랜드 괴혈병에 주의하라

하지만 좋은 것도 너무 많으면 독이 될 수 있는 게 아닐까? 나는 런던 빅토리아 역 근처에 있는 사무실에서 찰스 발랜스를 만났다. 개인 맞춤 광고에 대해 그가 걱정하는 점이 궁금했다. 그는 그런 광고를 조금씩 내보내면 효과가 있을지 모르지만, 대중 광고와 개인 광고 사이에서 균형을 잘못 잡으면 문제가 생길 소지가 있다고 걱정했다.

발랜스는 이렇게 말했다.

어떤 개인 맞춤형 광고도 효과를 보기 위해선 브랜드 분위기를 조성해야 한다. 그렇지 않을 경우 브랜드 괴혈병(비타민 C가 부족해서 잇몸에 피가 나는 병 —옮긴이)만 생기고, 브랜드에 온갖 잘못된 성분과 비타민을 투입하지만 효과가 없어서 결국 브랜드에게 햇빛을 쏘여야 하는 사태가 발생한다. 브랜드의 정체성과 브랜드가 주는 이점에 대한 공감대를 형성하기 위해선 브랜드를 대규모로 노출시켜야 한다.

광고에서도 적절한 균형을 잡는 게 핵심이다.

## 5. 개인 맞춤이 아닌 개인적인 광고

개인 맞춤 전략에 의존하지 않고도 광고 타깃이 자신이 개인적으로 언급되고 있다는 인상을 받게 만드는 게 가능하다.

아마도 개인에게 직접 호소하는 대중매체의 가장 유명한 사례는 키치너 경 ~~Lord Kitchener~~ 이 등장하는 제1차 세계대전 신병 모집 광고일지 모른다. 데이브 트롯의 말을 들어보자.

> 독일군과 맞서 싸우던 영국군이 병사가 부족해지자 신병 모집 광고 포스터를 붙였다. 하지만 포스터에는 "영국군에겐 200만 명의 신병이 부족합니다."라는 문구와 함께 잔뜩 줄지어 서 있는 군인들의 모습이 등장하지 않았다.
>
> 대신 포스터를 보고 있는 사람을 손가락으로 가리키며 지목하는 키치너 경의 모습이 담겨 있었다. 그리고 제목에는 "당신의 조국이 당신을 필요로 한다."라고 적혀 있었다. 일대일로 호소하는 광고였다. 이 포스터는 효과적이었다. 개별적으로 호소하는 이 광고를 본 수백만 명이 신병 모집에 지원했다.

개인적 호소를 중심으로 만들어진 이 광고는 크게 성공했다. 미국 정부도 제2차 세계대전 때 이 광고를 모방했고, 또다시 수백만 명의 신병 모집에 성공했다.

폭스바겐의 뛰어난 광고 문구를 대부분 만들었던 카피라이터 밥 레벤슨Bob Levenson은 개인적 목소리 톤을 적용하는 방법에 대해 실질적인 조언을 해줬다. 그는 당신이 가까운 친구에게 보여줄 광고 문구를 작성하고 있다고 상상하라고 했다.

> "사랑하는 찰리"라고 운을 뗀 뒤 "내가 자네에게 정말로 해주고 싶은 말이 있는데"라고 말해라. 당신이 쓰는 문구를 보는 사람이 당신보다 제품에 대해 잘 모르지만 완벽하게 똑똑한 친구인 척하라. 광고 문구 작성을 완료하면 "사랑하는 찰리"라는 부분만 지워 없애라.

실로 현명한 조언이 아닐 수 없다.

더 많은 조언을 구하고 싶다면 브랜드를 더 매력적으로 만드는 희소성의 역할에 대해 얘기할 다음 키워드를 읽어보길 바란다. 다만 조언이 그다지 현명해 보이지 않을 수도 있다.

# 25.
# 희소성

**부족할수록 더 많이 원한다**

당신은 지금 식당에 있다. 메뉴를 신중하게 훑어본 후 스테이크를 먹기로 결정한다. 이제는 꽃등심과 우둔살 스테이크 중에 뭘 먹을지 고민한다. 저녁에 돈을 많이 써야 해서 점심 메뉴로 저렴한 우둔살 스테이크도 적당해 보이지만, 꽃등심 스테이크가 더 맛있어 보인다. 웨이터가 주문을 받으러 올 때까지도 고민은 이어진다.

웨이터는 간략히 메뉴를 설명해준 뒤 안타깝게도 찾는 사람이 많아서 꽃등심 스테이크는 2인분밖에 남지 않았다고 알려준다. 당신은 꽃등심 스테이크가 특별히 맛이 좋아서 그렇게 인기가 많은지 궁금하다. 그리고 꽃등심 스테이크 1인분을 주문하려던 찰나, 당신의 동료 2명이 먼저 주문해버린다.

공급이 부족한 제품에 끌리는 현상이 비단 스테이크에만 국한되지 않는다. 한정된 숫자만 살 수 있는 제품에 더 끌리는 경향을 '희소성 편향'scarcity bias이라고 한다.

희소성에 대한 가장 유명한 실험은 스티븐 웨첼Stephen Worchel 버지니아 대학 심리학과 교수가 주도했다. 1975년에 그는 학부생 134명을 모아 과자 맛의 평가를 부탁했다. 학생들은 유리병에 들어 있는 과자를 꺼내 맛봤다. 과자가 2개가 든 유리병과 10개가 든 유리병이 있었다. 과자 양이 부족할 때 학생들로부터 받은 맛 평가가 훨씬 더 좋았다.

학생들은 또한 부족한 과자에 11퍼센트 더 높은 가격을 제시할 의사를 보였다.


## 어떻게 현장에 적용할까

### 1. 소비자가 구입할 수 있는 제품 수를 제한하라

이것이 반직관적인 말처럼 들릴지 몰라도 소비자가 구입할 수 있는 제품 수를 줄이면 판매가 신장된다. 완싱크는 1998년에 이러한 전략의 효과를 조사해봤다. 그는 아이오와 주 북서부에 있는 도시 수시티에서 영업 중인 3곳의 슈퍼마켓을 설득해서 약간 할인된 가격으로 캠벨Campbell 수프를 팔게 했다. 슈퍼마켓들은 수프 값으로 원래 가격인 89센트가 아닌 할인된 가격 79센트를 받았다. 이 할인된 수프는 다음세 가지 조건 중 하나로 팔렸다.


조건 1. 무제한 구매 가능(기준)

조건 2. 구매 가능 개수를 4개로 제한

조건 3. 구매 가능 개수를 12개로 제한


무제한 수프 구매가 가능했을 때 쇼핑객들은 평균 3.3개를 산 반면, 구매 한도가 정해진 경우에는 평균 5.3개를 샀다. 이 실험 결과는 희소성이 판매를 부추긴다는 사실을 시사해준다. 이 결과에 특히 믿음이 가는 이유는 실험이 진짜 쇼핑객들을 대상으로 슈퍼마켓에서 진행했기 때문이다. 사실이라고 주장하는 데이터에 의존하지도 않았고, 소비자들이 실제와 다른 행동 반응을 보일 수 있는 실험실에서 진행하지도 않았다.

이처럼 '희소성'을 강조하는 홍보는 브랜드에 대한 소비자의 진짜 느낌을 이용한다는 점에서 효과적이다. 쇼핑객은 기본적으로 브랜드가 이기적으로 장사를 한다고 믿는다. 따라서 슈퍼마켓은 판매 개수를 제한함으로써 너무 싸게 팔다보니 손해를 보고 있다는 암시를 줄 수 있다.

하지만 완싱크의 실험에서 '희소성 효과'만 분명히 드러나는 건 아니다. 우리가 두 가지 희소성 조건에 따라 판매 신장 정도를 구분해서 봤을 때, 또 다른 효과가 드러난다. 구매 가능한 캔 수를 4개로 제한했을 때 소비자는 평균 3.5개의 캔을 샀다. 하지만 구매 가능한 캔 수를 12개로 제한했을 때 소비자는 평균 7개의 캔을 샀다. 판매량이 2배로 늘어났다는 건 상당한 차이다.

이런 차이가 생긴 이유를 어떻게 설명할 것인가? '닻내림 효과'anchoring effect란 개념에 이 질문에 대한 답이 있다.


## 2. 당신이 알려주는 기준점이 확실히 판매량을 늘릴 수 있게 하라

배가 '닻'anchor을 내리면 닻과 배를 연결한 밧줄의 범위 내에서만 움직일 수 있듯이, 처음에 인상적이었던 숫자나 사물이 기준점이 되어 그 후의 판단에 왜곡 혹은 편파적인 영향을 미치는 현상을 '닻내림 효과'라고 한다. 이것은 심리학자이자 행동경제학의 창시자인 대니얼 카너먼과 심리학자 아모스 트버스키가 실험을 통해 입증한 효과다. 1974년에 두 사람은 언뜻 특이해 보이는 실험을 통해 찾아낸 결과를 《사이언스》Science 저널에 기재했다.

두 학자는 학생들을 대상으로 '행운의 수레바퀴wheel of fortune 실험을 했다. 수레바퀴에 표시된 숫자는 0부터 100이지만 조작을 통해서 10이나 65에만 멈추도록 만들었다. 그 후 학생들에게 바퀴를 돌린 다음 바퀴가 멈춘 숫자를 적도록 했다. 그리고 학생들에게 UN에서 아프리카 국가들이 차지하는 비중이 얼마나 된다고 생각하는지를 물었다. 10을 적은 학생들의 대답 평균은 25퍼센트였고, 65를 적은 학생들의 대답 평균은 45퍼센트였다. 2배 정도 차이가 났다.

행운의 수레바퀴를 돌려 나온 숫자 10과 65가 학생들의 대답과 논리적인 연관성은 없었지만, 대답 기준을 정해줌으로써 학생들의 대답에 영향을 미쳤다. 10을 본 학생들은 10퍼센트가 너무 적다고 생각한 뒤 15퍼센트는 어떤지, 그것도 너무 적은 것 같은데 그러면 20퍼센트는 어떤지 고민한 끝에 25퍼센트라는 답변을 내놓았다. 25라는 숫자가 적절해 보였을 것이다.

더 높은 숫자인 65에서 시작한 학생들도 같은 과정을 밟았다. 이때 학생들은 숫자를 점점 더 줄인 끝에 합리적이라고 판단되는 숫자에 멈췄다. 앞의 질문에 대한 합리적 추측 범위가 상당히 넓기 때문에 65에서 추측을 시작한 학생들은 10에서 추측한 학생들보다 훨씬 더 높은 45에서 추측을 멈췄다.

닻내림 효과는 상업적 상황에서도 영향을 미친다. 그레고리 노스크래프트 Gregory Northcraft와 마거릿 닐 Margaret Neale 애리조나 주립대학 교수들은, 부동산 중개인들에게 애리조나 주 남부 도시 투손 Tucson에 있는 주택의 값어치를 추측하게 하는 독창적인 실험을 했다. 부동산 중개인들은 집 주변을 돌아본 후 집에 대한 정보를 받았다. 그들 모두 정가를 제외하고 똑같은 정보를 받았다. 절반은 정가를 6만 5,900달러로 들었고, 나머지 절반은 8만 3,900달러로 들었다.

낮은 정가를 본 중개인들의 집값 추정치 평균은 6만 7,811달러였다. 반면에 높은 정가를 본 중개인들의 집값 추정치 평균은 이보다 높은 7만 5,190달러였다. 7,000달러 이상, 즉 11퍼센트의 차이가 났다. 그들이 훈련을 받은 전문가였다는 점에서 이것은 상당한 차이였다. 이 실험 결과는 가치란 것이 객관적 현실을 일부만 반영한 까다로운 개념임을 보여준다. 만약 당신이 전문 서비스 분야에서 일하고 있다면, 고객들이 당신의 가치를 냉정하게 저울질한다고 생각하는 건 착각이다. 그들이 인식하는 당신에 대한 가치의 일부는 닻, 즉 당신이 정하는 최초 가격으로부터 나온다.

어떤 브랜드가 이런 편향을 이용해왔나?

닻내림 효과를 제대로 이용한 건 다이아몬드 브랜드 드비어스 De Beers

와 그들의 결코 낭만적이지 않은 광고다. 20세기 전반에 서양에는 비싼 다이아몬드 약혼반지를 사주는 전통이 없었다. 투자은행 씨티그룹Citigroup에 따르면 제2차 세계대전 이전에는 약혼반지의 10퍼센트 정도만 다이아몬드 반지였다. 이에 다이아몬드 공급을 독점하던 드비어스는 광고 대행사인 에이어N. W. Ayer의 도움을 받아 이러한 전통에 변화를 모색했다.

그들은 두 가지 똑똑한 결정을 내렸다. 첫째, 내구성이 가장 강한 돌인 다이아몬드를 영원한 사랑의 징표로 포지셔닝했다. "다이아몬드는 영원하다."는 문구로 이것을 영원히 각인시켰다. 둘째, 높은 가격 기준을 설정함으로써 거액의 지출을 유도했다. 약혼반지를 사는 데 적절한 금액으로 한 달치 월급을 제시했다. 그러다 1980년대 미국에서는 "영원히 지속되는 뭔가를 사는 데 두 달치 월급은 적은 돈이 아닐까?" 같은 소제목을 달아서 반지의 가격 기준을 2배로 높였다. 일본에서는 한 술 더 떠서 소비자들에게 세 달치 월급을 내게 했다.

드비어스의 광고를 역사상 가장 성공한 광고 중 하나라고 말해도 과장은 아닐 것이다. 1939년부터 1979년 사이에 미국의 다이아몬드 판매액은 2,300만 달러에서 21억 달러로 크게 늘어났다.


## 3. 제품 구매 가능 시간이 제한적이라는 점을 강조하라

닻내림 효과를 이용하는 간단한 방법으로 소비자가 서둘러 사지 않으면 살 기회를 놓친다는 점을 강조하는 방법이 있다.

이것은 특히 곧 할인행사가 종료된다는 점을 자주 강조하는 소매점 사이에서 이미 확립된 전략이다. 하지만 브랜드는 이 편향을 점점 더 섬세하게 이용하고 있다. 온라인 슈퍼마켓 오카도Ocado는 쇼핑객에게 계산 직전 반짝 세일을 해줬다. 이 세일 혜택은 쇼핑객이 오카도 홈페이지에 머무는 동안에만 유효하다. 오카도는 콩조림통 반값 세일을 알리는 창이 잠깐 뜨면서 관심을 극대화시키는 방법 등을 쓴다. 영국의 소설가 길버트 키스 체스터튼G K Chesterton은 "사라질지 모른다는 걸 깨닫는 순간 뭔가를 사랑하게 된다."고 말했다.

소매점만 닻내림 효과를 이용해서 혜택을 보는 건 아니다. 동료 로라 매클린과 나는 소비자 300명에게 영화 포스터를 보여준 뒤, 주말에 그 영화를 보러갈 마음이 얼마나 있는지를 물었다. 소비자 절반에게는 포스터만 보여줬고, 나머지 절반에게는 영화가 이번 주 주말에 끝난다고 말해줬다. 영화를 볼 수 있는 시간이 얼마 남지 않았다는 걸 안 사람들이 주말에 영화를 보러 갈 의사를 드러낼 확률이 36퍼센트 더 높았다.

영화 관람객은 영화 상영 기간에 대해 잘 모르기 때문에 여기서 기회가 생긴다. 단지 상영이 끝나는 날만 알려주는 것만으로도 몇 주 동안 관람객 수를 늘리는 효과를 거둘 것이다.

부족한 것에 대해 관심을 더 갖게 되는 이유 중 하나는 '손실회피 성향'loss aversion 때문이다. 사람들이 불확실한 이익보다는 확실한 손해를 더 크게 체감하는 걸 말한다. 영화 상영 종영일을 알려주는 건 기회를 놓쳐 손해를 보게 될 위험을 강조함으로써, 소비자의 손실회피 성향을 이용하는 것이다.

브랜드는 광고 문구 수정을 통해 손실회피 성향을 이용할 수 있다. 즉 제품이 주는 혜택을 홍보하기보다 자사 제품으로 옮겨 타지 않았을 때 놓치는 점을 집중적으로 부각하는 식이다. 나는 동료 가브리엘 홉데이 Gabrielle Hobday 와 함께 834명을 대상으로 손실회피 성향이 광고 문구에 어떻게 영향을 미칠 수 있는지 알아보는 조사를 실시했다. 조사 참가자 절반에게는 새로운 에너지 공급업체로 거래 업체를 바꾸면 100파운드를 아낄 수 있다고 말해주고, 나머지 절반에게는 업체를 바꾸지 않으면 100파운드를 손해 보게 된다고 알려줬다.

거래 업체를 바꾸면 100파운드를 아낄 수 있다는 말을 들은 사람들 중 업체를 전환할 가능성이 높을 것 같다고 답한 사람 비율은 7.4퍼센트였다. 반면에 업체를 바꾸지 않으면 100파운드를 손해 보게 된다고 들은 사람들 중 업체를 전환할 가능성이 높다고 답한 사람 비율은 10.7퍼센트였다. 45퍼센트가 늘어난 것이다. 또 다시 손실을 입을 가능성을 강조하니 사람들이 더 민감하게 반응했다.

가격을 언급한 대부분의 광고가 절약만을 강조한다는 점에서 이런 연구 결과는 흥미롭다. 마케터는 소비자 관심의 틀을 '재설정'함으로써 광고 효과를 높일 수 있다. 즉 절약만 강조하기보다 광고하는 제품을 쓰지 않았을 때 입는 손해를 강조해야 한다.

이런 종류의 재설정 효과는 인터넷 검색 광고를 통해 쉽게, 한정된 비용으로도 테스트해볼 수 있다. 이렇게 해서 효과를 내면 다른 광고로 범위를 넓힐 수 있다.

## 4. 수요가 많아 공급이 부족하다는 점을 홍보하라

앞에서 웨첼의 실험을 소개했다. 그는 실험 막판에 변화를 줬다. 일부 학생들에게 과자가 예상외로 인기가 좋아서 유리병에 과자를 2개밖에 못 넣었다고 말했다. 이때 과자에 대한 평가가 가장 높았다.

이러한 실험 결과는 희소성을 공개적으로 거론하는 게 이상적인 전략이 될 수 있음을 보여준다. 브랜드는 이를 통해 사회적 증거와 희소성이란 두 가지 편향을 동시에 활용할 수 있다.

정리

# 편향을 이용하는 게 도덕적이면서 효과적인 이유

> 66

오랜만에 마신 술로 취기가 오른 당신은 휘청거린다. 지하철을 타고 집에 가자고 다짐했지만, 이미 너무 늦어서 지하철을 타기 힘들다. 당신은 택시가 없는지 길거리를 살펴본다. 보슬비가 내려서 택시를 잡기가 힘들다. 5분 동안 지루하게 기다린 끝에 택시 한 대를 잡아 탄다. 그리고 불과 몇 분 만에 곤히 잠이 든다.

집에 도착한 택시가 멈추며 흔들리자 당신은 잠에서 깬다. 당신은 현금이 있는지 주머니를 뒤진다. 구겨진 5파운드짜리 지폐와 잔돈이 좀 있는데, 그거로는 부족해서 신용카드로 요금을 내야 한다. 신용카드로 결제하는 대신 당신은 기사에게 팁을 줘야 한다. 기사는 요금의 20퍼센트, 25퍼센트, 30퍼센트 중 하나를 골라 팁을 주거나 아니면 알아서 팁을 주면 된다고 알려준다.

얼마를 주면 될지 확신이 서지 않는 당신은 요금의 25퍼센트를 팁으로 주기로 한다.

> 99

당신만 중간값을 고르는 건 아니다. 많은 실험의 결과를 보면 중간값을 고른 사람들이 가장 많았다. 사람들이 너무 헤프거나 아니면 너무 짠 것처럼 보이기 싫을 때 중간값이 가장 매력적으로 보인다. 사람들이 극단을 피하기 때문이다. 하지만 나는 사람들이 중간값에 끌리는 이유를 논하기보다 이것을 넛지의 사례로 활용하고 싶다.

이 주제에 대한 관심이 높아지고 있다. 구글의 브랜드 싱크탱크인 주 Zoo에서 브랜드 기획 수석을 지냈던 라자 드자믹 Lazar Dzamic은 넛지에 반대하는 수많은 주장을 요약한 장문의 글을 쓴 적이 있다. 업계에서 주시했고 그의 시각이 다른 비평가들과 일치한다는 점에서, 일단 그의 시각을 먼저 논해보기로 하겠다.

그의 비판을 크게 나눠보면 두 가지다. 첫째는 넛지의 영향력이 너무 강하다는 것이다.

행동경제학이 우리가 주장하는 것만큼 강력해서 모든 부서, 연구소, 심지어 대행사들이 항상 전폭적 관심을 쏟을 정도라면 상업적 목적으로 쓰이는 걸 규제해야 한다. 행동경제학 옹호자들은 행동경제학이 소비자와 사회 전반에 유해하지 않고 이롭다는 사실을 증명할 수 없다면, 금융 서비스나 자동차나 패스트푸드를 열정적이고 자유롭게 팔 수 있는 시장 역시 존재해서는 안 된다.

그리고 둘째는 투명성이 부족하다는 것이다.

편향들은 (대니얼) 카너먼 등이 설득력 있게 밝혀낸 우리 본성에 만연한 기본적으로 비합리적 측면을 만드는 데 집단적으로 기여한다. 바로 우리 같은 '신화 신봉자들'Mythocrats이 유리하게 이용하려고 하는 측면이다. 그런데 그런 인지적 편향들이 일종의 인지적 무지라면, 누가 무지한 사람들로부터 훔치고 싶겠는가?

이런 불평들을 하나씩 살펴보기로 하자.

드자믹의 첫 번째 비판은 넛지가 광고주가 이용하게 내버려두기에는 너무 강력한 효과를 낸다는 것이다. 하지만 여기서 '강력하다'는 게 정확한 용어인가? 그의 비판은 넛지가 우둔한 대중을 홀려서 그들이 특정한 행동 경로를 밟게 속인다는 것이다.

많은 광고인들이 그런 무한한 힘을 갖기를 갈망하지만 그런 힘은 과장이다. 시종일관 이 책에서 논의했던 편향들은 모두를 흔들어놓지 못한다. 편향은 단지 광고가 바람직한 효과를 거둘 가능성만을 높여준다. 넛지는 초자연적인 마술이 아니다. 단지 사람들의 사고방식을 이해함으로써 광고 효과를 개선시켜줄 뿐이다.

넛지가 소비자를 정신없게 만들지 않는다는 사실을 받아들인다면, 우리가 대체 왜 그것에 대해 불만을 제기하는가? 넛지를 활용한 광고가 성공해서 불만인가? 분명히 말하지만, 제품 광고가 허용된 이상 그 광고가 좋은 효과를 내는 것에 대해 반대해서는 안 된다.

데이비드 핼펀의 생각을 들어보자.

우리가 넛지를 활용한 광고를 하는 게 적절하고 수용할 수 있다고 생각한다면, 광고를 설계하거나 만드는 사람이 효과적이고 이해하기 쉽게 만들 걸로 기대하는 게 합리적인 것 같다.

그리고 드자믹이 반대하는 게 강력한 광고라면, 왜 하필 행동과학만을 뽑아 문제 삼는 것일까? 행동과학과 무관한 고릴라를 등장시킨 캐드버리 Cadbury 제과회사의 초콜릿 광고나 이 책의 앞에 나왔던 미어캣과 경주마를 등장시킨 위대한 창조적 광고에는 반대하지 않는 이유가 무엇인가?

드자믹의 입장을 다소 변호해보자면 그가 걱정하는 건 단지 '영향력'이 아니라 '규제받지 않는 영향력'이다. 하지만 그건 어불성설이다. 행동과학을 이용한 광고는 규제를 받는다. 다른 모든 상업 광고처럼 말이다. 광고자율심의기구는 "모든 광고는 합법적이고, 품위 있고, 정직하고, 진실해야 한다."고 주장한다. 행동과학을 이용한 광고에도 예외를 두지 않는다.

그렇다면 투명성 부족 문제는 어떻게 봐야 할까? 사람들이 이런 편향들이 일어나고 있다는 걸 모른다면 행동과학은 악의적 조작을 하고 있는가?

주장을 꼼꼼하게 검토해보자. 대체 투명성 부족이란 말이 무슨 뜻인가? 나는 이에 대해 두 가지 불만을 제기할 수 있다. 첫째, 소비자는 모든 정보가 아니라 편향을 갖고 선별한 광고를 봤을 때만 속는다. 둘째,

소비자는 넛지가 우리의 비합리적 측면에 영향을 미친다는 순수한 논리 이상의 무엇에 의해 흔들리고 있다.

수많은 넛지들이 제한적인 선택지만을 보여준다는 첫 번째 지적은 사실이다. 무한한 가능성 중 오직 세 가지 선택(20퍼센트나, 25퍼센트나, 30퍼센트의 팁)만 제시한 택시 팁 사례를 예로 들어보자. 하지만 이런 선택이 비도덕적이라는 추측은 틀렸다.

모든 정보는 선택적이다. 택시 운전사가 당신에게 모든 선택지를 줬다고 상상해보라. 1퍼센트 팁, 2퍼센트의 팁, 3퍼센트의 팁 등. 사실상 여기서 멈출 필요도 없다. 정보가 진정 포괄적인 성격을 띠기 위해선 훨씬 더 많은 선택지(예를 들어 1퍼센트의 팁, 1.1퍼센트의 팁 등)가 제공되어야 한다. 이런 복잡함은 오히려 혼란만을 초래했을 것이다.

모든 정보를 요구한다는 게 얼마나 바보 같은 짓인지는 아르헨티나 소설가 호르헤 루이스 보르헤스Jorge Louis Borges가 쓴 단편 소설《과학의 정밀성에 대하여》On Exactitude in Science에서 극적으로 묘사되고 있다. 보르헤스는 소설에서 부정확한 지도 때문에 불행에 빠진 한 제국에 대해 이야기한다.

어느 제국의 지도 제작 능력이 너무나 완벽하게 발달한 나머지, 제작자들은 마침내 실제 제국과 크기가 똑같은 지도를 만들어낸다.

이 지도는 완벽하게 정확했지만 완벽하게 쓸모가 없었다. 몇 년 뒤에는 햇빛 아래에서 썩었다. 마찬가지로 아무것도 생략하지 못하는 정보는 무용지물이다. 광고나 정보도 선별적이어야 한다. 또한 당신이 일단 정보를 선택하기 시작했다면, 그것은 중립적일 수가 없다. 어떤 사실이든 그것은 특별한 시각에서 나오기 마련이다. 그런 시각에서 벗어나기란 불가능하다. 로리 서더랜드의 말을 들어보자.

> 정보의 처리 과정은 불가피하다. 넛지를 비판한다는 것은 전자기력이나 중력을 비판하는 것과 같다. 우리가 할 수 있는 최선은 작동하는 이런 힘들을 인식하고, 이해하고, 사람들이 더 광범위하게 의식하게 만드는 것이다.

투명성에 대한 비판 중 두 번째 요소는 냉정한 논리가 아닌 설득력이 있는 기술이 효율적으로 동원되고 있다는 것이다. 사실이긴 하지만, 그래서 어쨌다는 말인가?

지금으로부터 2000여 년 전에 철학자 아리스토텔레스는 남을 설득하려는 사람들을 위한 조언을 《수사학》The Art of Rhetoric 을 통해 정리해놓았다. 《수사학》은 로고스logos, 파토스pathos, 에토스ethos를 효과적인 설득 수단으로 제시한다. 로고스는 논리적이고 이성적으로 화자의 주장을 실증하는 방법, 즉 논리적 뒷받침이다. 로고스가 중요하지만 이것만 갖고서는 아무 효과가 없다. 따라서 에토스로 보완되어야 한다. 에토스는 화자와 화자가 전하는 메시지의 신뢰성 즉, 화자의 인격과 신뢰감이다. 끝으로 파토스는 청중을 설득하기 위해 사용하는 정서적 호소와 공감이다. 사실이 건조하게 전달되면 호응을 받지 못한다.

광고 타깃의 마음이 감정적 호소로 움직인다고 해서 그들이 맹목적이 되지는 않는다. 인간적이 될 뿐이다.

수사학 같은 넛지가 단지 하나의 도구에 불과하다면, 당신이 그것을 어떤 목적으로 이용하는지가 중요하다. 혹시 엉터리 물건을 팔고 있는가? 아니면 중요한 뭔가를 팔고 있는가? 전자라면 당신이 사용하는 기술을 아무리 옹호해도 그런 행동은 정당화되지 않는다.


## 어떻게 현장에 적용할까

### 장기적으로 넛지하라

넛지는 상당히 광범위한 환경 속에서 쓸 수 있기 때문에 그것과 관련된 보편적인 규칙을 제시하기란 힘들다. 내가 찾아낸 가장 규칙다운 규칙은 '장기간' 넛지하라는 것이다.

대부분의 마케터들은 고객이 브랜드에게 계속해서 웃돈을 지불해 주기를 원한다. 그런 바람을 실현시키는 최선의 방법은 그 어떤 넛지라도 사람들이 절대로 공정한 가치로 거래하지 못했다는 느낌을 받지 않게 만드는 것이다. 실제로 그것은 어떤 의미인가?

앞에 나왔던 택시 사례로 돌아가자. 사회적 규범상 요금의 10퍼센트 정도 팁이면 공정하다. 만약 사람들에게 그보다 2배 내지 3배의 팁을 내도록 유도할 경우, 택시 운전사는 단기적으로 짭짤한 수입을 올릴 수 있어도 장기적으로는 그로 인해 문제가 생긴다. 고객은 억울해할 것이다. 브랜드에게 이런 일을 당한 고객이라면 브랜드에 대한 험담을 늘어놓고, 더 이상 그 브랜드 제품을 사지 않을 것이다. 단기간에 돈을 벌려다가 브랜드의 장기적인 건전성을 희생했다.

나를 짜증나게 만든 사례는 내가 사용한 샤워젤 브랜드다. 사람들이 사용하는 젤의 양을 신중하게 조정하지 못한다고 전제해서 그런지 모르지만, 그 브랜드는 통의 구멍 크기를 늘렸다. 하지만 다른 소비자처럼 나도 습관적으로 샤워젤 통을 급하게 짠다. 젤 구멍이 커지면 씻는 사람은 필요 이상으로 많은 양의 젤을 짜게 된다. 언뜻 보면 위대한 브랜드 전략처럼 보인다. 소비자가 더 빨리 제품을 써버리면 판매가 신장되니까. 하지만 장기적인 영향은 그만큼 긍정적이지 못할 것이다. 소비자는 속았다는 걸 알고 다른 브랜드로 갈아탈 것이다.

마케팅 분야 종사자라면 이것만은 분명히 알고 있어야 한다. 가끔은 최고의 장기 전략은 단기적 이익을 희생하는 것임을 말이다. 넛지가 브랜드의 장기적 건강에 도움을 주지 못한다면, 사용을 재검토해봐야 할 것이다.

# 사람들의 행동을 가장 빠르고 정확하게 이해하라

내가 이 책에서 2번이나 언급했던 키티 제노비스 사건을 기억하는가? 37명(혹은 38명)의 목격자가 지켜보는 가운데 살해당한 여성의 나이는 28세였다. 이 끔찍한 사건을 계기로 라타네와 달리는 '방관자 효과'에 대한 연구를 시작했다. 또한 이 사건으로 인해 경찰·구급차·소방서 등의 긴급 전화번호인 911이 창설되었다.

하지만 이런 중요한 일들이 거짓말 때문에 시작됐다 걸 알면 놀랄지도 모른다. 윈스턴 모즐리가 1964년에 제노비스를 죽였지만,《뉴욕타임스》를 그토록 격분하게 만든 무관심은 대단히 과장됐다.

제노비스 사건이 일어난 지 50년 가까이 지나《뉴욕 포스트》New York Post는 케빈 쿡Kevin Cook 기자가 취재한 내용의 신빙성을 무너뜨리는 증거를 보도했다.《뉴욕타임스》가 보도한 대로 당시 모든 목격자가 사건에 무관심했던 건 아니었다. 이웃에 살던 로버트 모저Robert Mozer가 모즐리의 첫 번째 공격을 목격하고, 그가 살던 7층 아파트에서 밖을 향해 "그 여자를 내버려둬!"라고 소리를 질렀다. 그의 개입으로 모즐리는 황급히 자리를 떴고, 제노비스는 비틀거리면서라도 도망칠 기회를 얻었다. 모저는 사건이 종료됐다고 생각하고 잠자리에 들었다. 그런데 불행하게도 모즐리는 그렇게 쉽게 단념하지 않았고, 부상당한 제노비스를 뒤따라와서 재차 공격(이번에는 치명적인 공격)을 단행했다.

또 다른 목격자인 사무엘 호프먼Samuel Hoffman은 경찰에 신고한 뒤 "한 여성이 구타를 당해서 비틀거리며 돌아다니고 있다."라고 알려줬지만, 어떤 순찰차도 오지 않았다. 그리고 마침내 또 다른 이웃인 소피 파라Sophie Farrar는 최종 공격이 있었던 아파트 현관까지 달려 나올 만큼 충분히 많이 걱정했다. 모즐리가 도망갔다는 사실을 파라가 몰랐다는 점을 고려하면, 그녀는 놀랄 만큼 용기 있게 사건에 개입한 것이다. 특히 그녀가 1미터 25센티미터의 단신이라는 점을 감안했을 때 더더욱 그렇다. 그런데 불행하게도 그녀가 도착했을 때 제노비스는 숨지기 일보직전이었다. 그녀는 숨이 넘어가는 제노비스를 위로하는 것 외에는 달리 할 수 있는 일이 없었다.

3명의 목격자가 취한 행동은 진실이 《뉴욕타임스》가 보도했던 것보다 훨씬 더 복잡하다는 걸 보여준다.

키티 제노비스 사건의 전개 상황이 이 책의 결론으로 적절하다고 본다. 그것이 내가 지금까지 설명한 편향의 활용 방법에 대한 교훈을 주기 때문이다. 제노비스 사건은 우리가 듣는 설명에 대해 건전한 의심을 유지해야 한다는 걸 시사해준다. 우리는 행동을 설명할 때 일화들에 주의해야 한다. 우리는 관심 있고 흥미로운 이야기를 진실로 착각하곤 한다.

《뉴욕타임스》기사가 상당히 흥미로웠던 건 사실이나 오해를 불러일으킬 소지가 있었다. 인간의 행동에 대한 보다 미묘한 진실은 라테네와 달리의 엄격한 과학 실험에서 드러났다. 광고를 할 때 이 실험을 상기하면서, 기억하기 쉬운 일화들보다는 신뢰할 수 있는 증거를 바탕으로 한 행동에 대한 설명(예를 들어 심리학이나 행동과학에 기반을 둔)에 무게를 두는 게 현명하다.

끝으로 앞의 이야기는 우리에게 다른 사람의 주장을 무비판적으로 수용하는 게 얼마나 위험한지를 경고해준다. 어떤 이야기가 엄청나게 흥미진진하다고 해서 그것이 꼭 진실이란 법은 없다. 이런 사실은 우리를 행동과학의 위대한 장점 중 하나로 이끌어준다. 내가 이 책에서 강조하며 설명한 원칙들을 무작정 받아들일 필요는 없다. 당신은 그 원칙들이 당신 브랜드에도 확실히 통하게 만들 실험을 해볼 수 있다. 현대의 디지털 세계는 어느 때보다 더 저렴하고 쉽고 간단하게 테스트할 수 있는 환경이 조성되어 있다.

나는 행동과학이 인간의 행동을 이해하기 위한 최선의 방법이라고 생각한다. 하지만 내 말을 곧이곧대로 믿어서는 안 된다. 직접 가서 그러한지 테스트해보라. 스스로 그 답을 얻게 될 것이다.

참고문헌

들어가는 글

'37 Who Saw Murder Didn't Call the Police', *New York Times*, 27 March 1964

'Effect of colour of drugs: systematic review of perceived effect of drugs and of
  their effectiveness', by Anton J M de Craen, Pieter J Roos, A Leonard de Vries, Jos
  Kleijnen [*British Medical Journal*, Vol. 313; 21 Dec 1996]

*How Brands Grow* by Byron Sharp [2010]

*The Wiki Man* by Rory Sutherland [2011]


1. 귀인 오류

'From Jerusalem to Jericho', by John Darley and Daniel Batson [*Journal of Personality
  and Social Psychology*, Vol. 27, No. 1, pp. 100-108, 1973]

*Marketers Are from Mars, Consumers Are from New Jersey* by Bob Hoffman [2015]

'Social Roles, Social Control, and Biases in Social-Perception Processes', by Lee Ross,
  Teresa Amabile, and Julia Steinmetz [*Journal of Personality and Social Psychology*,
  Vol. 35, No. 7, pp. 485-494, 1977]


2. 사회적 증거

《설득의 심리학》(*Influence: Science and Practice*) by Robert Cialdini [1984]

*Behind the Scenes in Advertising: More Bull More* (Mark III) [2003]

## 3. 부정적인 사회적 증거

'Crafting Normative Messages to Protect the Environment', by Robert Cialdini [*Current Directions in Psychological Science*, Vol. 12, No. 4, pp. 105-109, 2003]

*Inside the Nudge Unit: How Small Changes Can Make a Big Difference* by David Halpern [2015]

'Perils of Perception: A Fourteen Country Study' by IPSOS MORI [2014]


## 4. 독특함

'Aging and the von Restorff Isolation Effect in Short/Term Memory', by Richard Cimbalo and Lois Brink [*The Journal of General Psychology*, Vol. 106, No. 1, pp. 69-76, 1982]


## 5. 습관

'Habits in Everyday Life: Thought, Emotion, and Action', by Wendy Wood, Jeffrey Quinn and Deborah Kashy [*Journal of Personality and Social Psychology*, Vol. 83, No. 6, pp. 1281-1297, 2002]

'Sainsbury's - How an idea helped make Sainsbury's great again', by Tom Roach, Craig Mawdsley and Jane Dorsett [IPA Effectiveness Awards 2008]

'People Search for Meaning When They Approach a New Decade in Chronological Age', by Adam Alter and Hal Hershfield [*Proceedings of the National Academy of Sciences of the United States of America*, Vol. 111, No. 48, pp. 17066-17070, 2014]

*Inside the Nudge Unit: How Small Changes Can Make a Big Difference* by David Halpern [2015]


## 6. 지불의 고통

'Always Leave Home Without It: A Further Investigation of the Credit-Card Effect on Willingness to Pay', by Drazen Prelec and Duncan Simester [*Marketing Letters*, Vol. 12, No. 1, pp. 5-12, 2001]

'$ or Dollars: Effects of Menu-Price Formats on Restaurant Checks', by Sybil Yang,

Sheryl Kimes and Mauro Sessarego [*Cornell Hospitality Report*, Vol. 9, No. 8, pp. 6-11, 2009]

'"The Best Price You'll Ever Get": The 2005 Employee Discount Pricing Promotions in the U.S. Automobile Industry', by Meghan Busse, Duncan Simester and Florian Zettelmeyer [*Marketing Science*, Vol. 29, No. 2, pp. 268-290, 2008]

### 7. 주장을 모은 데이터가 가진 위험

《빅데이터 인간을 해석하다》(*Dataclysm: Who We Are When We Think No-one's Looking*) by Christian Rudder [2014]

'The Influence of In-store Music on Wine Selections', by Adrian North, David Hargreaves and Jennifer Kendrick [*Journal of Applied Psychology*, Vol. 84, No. 2, pp. 271-276, 1999]

《바른 마음》(*The Righteous Mind: Why Good People are Divided by Politics and Religion*) by Jonathan Haidt [2012]

'The National Survey of Sexual Attitudes and Lifestyles', UCL, London School of Tropical Medicine and Hygiene, and National Research Centre [2010-2012]

《모두 거짓말을 한다》(*Everybody Lies: Big Data, New Data, and What the Internet Can Tell Us About Who We Really Are*) by Seth Stephens-Davidowitz [2017]

### 8. 기분

'In the Mood for Advertising', by Fred Bronner, Jasper Bronner and John Faasse [*International Journal of Advertising*, Vol. 26, No. 3, 2007]

'Inferring Negative Emotion from Mouse Cursor Movements', by Martin Hibbeln, Jeffrey Jenkins, Christoph Schneider, Joseph S. Valacich, and Markus Weinmann [*MIS Quarterly*, Vol. 41, No.1, pp. 1-21, 2017]

'Consumers' Response to Commercials: When the Energy Level in the Commercial Conflicts with the Media Context', by Nancy Puccinelli, Keith Wilcox, and Dhruv Grewal [*Journal of Marketing*, Vol. 79, No. 2, pp. 1-18, 2015]

## 9. 가격 상대성

*The Wiki Man* by Rory Sutherland [2011]

'Context-Dependent Preferences', by Amos Tversky and Itamar Simonson [*Management Science*, Vol. 39, No. 10, pp. 1179-1189, 1993]

## 10. 초두 효과

'Forming Impressions of Personality', by Solomon Asch [*Journal of Abnormal Psychology*, Vol. 41, pp. 258-290, 1946]

## 11. 기대 이론

《나는 왜 과식하는가》(*Mindless Eating*) by Brian Wansink [2006]

## 12. 확증 편향

'On resistance to persuasive communications', by Leon Festinger and Nathan Maccoby [*The Journal of Abnormal and Social Psychology*, Vol. 68, No. 4, pp. 359-366, 1964]

*Seducing the Subconscious: The Psychology of Emotional Influence in Advertising* by Robert Heath [2012]

'They Saw a Game: A Case Study', by Albert Hastorf and Hadley Cantril [*Journal of Abnormal Psychology*, Vol. 49, No. 1, pp. 129-134, 1954]

## 13. 과잉확신

'Unskilled and Unaware of It: How Difficulties in Recognizing One's Own Incompetence Lead to Inflated Self-Assessments', by Justin Kruger and David Dunning [*Journal of Personality and Social Psychology*, Vol. 77, No. 6, pp. 1121-1134, 1999]

'Are We All Less Risky and More Skillful Than Our Fellow Drivers?', by Ola Svenson [*Acta Psychologica*, Vol. 47, pp. 143-148, 1981]

*The Wiki Man* by Rory Sutherland [2011]

*Psychology of Intelligence Analysis* by Richards Heuer [1999]

## 14. 소원하는 대로 보기

'Value and Need as Organizing Factors in Perception', by Jerome Bruner and Cecile
Goodman [*Journal of Abnormal and Social Psychology*, Vol. 42, pp. 33-44, 1947]
《미래기업은 무엇으로 성장하는가》(*Grow: How Ideals Power Growth and Profit at the
World's Greatest Companies*) by Jim Stengel and Marc Cashman [2011]
《헤일로 이펙트》(*The Halo Effect*) by Phil Rosenzweig [2007]

## 15. 매체 맥락

weirderthanyouthink.wordpress.com/tag/daniel-dennett
'Evidence for a neural correlate of a framing effect: bias-specific activity in the
ventromedial prefrontal cortex during credibility judgments', by M. Deppe, W.
Schwindt, J. Kramer, H. Kugel, H. Plassmann, P. Kenning, E. Ringelstein, [*Brain
Research Bulletin*, Vol. 67, No. 5, pp. 413-421, 2005]
*Behind the Scenes in Advertising: More Bull More* (Mark III) [2003]
'Is advertising rational?', by Evan Davis, John Kay, and Jonathan Star [*London Business
School Review*, Vol. 2, No. 3, pp. 1-23, 1991]
*Marketers Are from Mars, Consumers Are from New Jersey* by Bob Hoffman [2015]

## 16. 지식의 저주

《스틱》(*Made to Stick: Why Some Ideas Survive and Others Die*) by Chip Heath and
Dan Heath [2008]
*The Wiki Man* by Rory Sutherland [2011]

## 17. 굿하트의 법칙

*Long and Short of It: Balancing Short- and Long-Term Marketing Strategies* by Les
Binet and Peter Field [2012]
《위대한 조직을 만드는 10가지 절대법칙》(*Management in 10 Words*) by Terry Leahy [2012]

《리딩》(*Leading*) by Alex Ferguson and Michael Moritz [2015]

## 18. 실수 효과
《인간, 사회적 동물》(*Social Animal*) by Elliot Aronson [1972]
《말벌공장》(*The Wasp Factory*) by Iain Banks [1984]

## 19. 승자의 저주
《승자의 저주》(*The Winner's Curse: Paradoxes and Anomalies of Economic Life*) by Richard Thaler [1991]
《오리지널스》(*Originals: How Non-Conformists Move the World*) by Adam Grant [2016]
'Harnessing naturally occurring data to measure the response of spending to income', by Michael Gelman, Shachar Kariv, Matthew Shapiro, Dan Silverman, Steven Tadelis [*Science*, Vol. 345, No. 6193, pp. 212-215, 2014]
'The Psychology of Windfall Gains', by Hal Arkes, Cynthia Joyner, Mark Pezzo, Jane Gradwohl Nash, Karen Siegel-Jacobs, Eric Stone Eric [*Organizational Behaviour and Human Decision Processes*, Vol. 59, No. 3, pp. 331-347, 1994]
*On the Fungibility of Spending and Earnings - Evidence from Rural China and Tanzania* by Luc Christiaensen and Lei Pan [2012]

## 20. 집단의 힘
'Humour in Television Advertising: The Effects of Repetition and Social Setting', by Yong Zhang and George Zinkhan [*Advances In Consumer Research*, Vol. 18, pp. 813-818, 1991]
'Feeling More Together: Group Attention Intensifies Emotion', by Garriy Shteynberg, Jacob Hirsh, Evan Apfelbaum, Jeff Larsen, Adam Galinsky, and Neal Roese [*Emotion*, Vol. 14, No. 6, pp. 1102-1114, 2014]

## 21. 베블런재
'Commercial Features of Placebo and Therapeutic Efficacy', by Rebecca Waber, Baba

Shiv, Ziv Carmon; Dan Ariely [*Journal of the American Medical Association*, Vol. 299, No.9, pp. 1016-1017, 2008]

## 22. 재현 가능성의 위기

'Why Susie Sells Seashells by the Seashore: Implicit Egotism and Major Life Decisions', by Brett Pelham, Matthew Mirenberg, and John Jones [*Journal of Personality and Social Psychology*, Vol. 82, No. 4, pp. 469-487, 2002]

'Rich the banker? What's not in a Name', by Tim Harford [2016], www.timharford. com/2016/11/rich-the-banker-whats-not-in-a-name

'Estimating the reproducibility of psychological science', by Brian Nosek et al. [*Science*, Vol. 349, No. 6251, 2015]

'Comment on "Estimating the reproducibility of psychological science"', by Daniel Gilbert, Gary King, Stephen Pettigrew and Timothy Wilson [*Science*, Vol. 351, Issue 6277, p. 1037, 2016]

'Meta-assessment of bias in science', by Daniele Fanelli, Rodrigo Costats, and John Ioannidis [*Proceedings of the National Academy of Sciences*, Vol. 114, No. 14, pp. 3714-3719, 2017]

'Evaluating replicability of laboratory experiments in economics', by Colin F. Camerer et al. [*Science*, Vol. 351, No. 6280, pp. 1433-1436, 2016]

## 23. 다양성

*Inside he Nudge Unit: How Small Changes Can Make a Big Difference* by David Halpern [2015]

'Fear and Loving in Las Vegas: Evolution, Emotion, and Persuasion', by Vladas Griskevicius, Noah Goldstein, Chad R. Mortensen, Jill Sundie, Robert Cialdini and Douglas Kenrick [*Journal of Market Research*, Vol. 46, No. 3, pp. 384-395, 2009]

## 24. 칵테일파티 효과

*The shocking history of advertising!* by E. S. Turner [1953]

'Bystander Intervention in Emergencies: Diffusion of Responsibility', by John Darley and Bibb Latane [*Journal of Personality and Social Psychology*, Vol. 8, No. 4, pp. 377-383, 1968]

*Creative Mischief* by Dave Trott [2009]

*Ugly Is Only Skin-Deep: The Story of the Ads That Changed the World* by Dominik Imseng [2016]

## 25. 희소성

'Effects of Supply and Demand on Ratings of Object Value', by Stephen Worchel, Jerry Lee and Akanbi Adewole [*Journal of Personality and Social Psychology*, Vol. 32, No. 5, pp. 906-914, 1975]

《나는 왜 과식하는가》(*Mindless Eating*) by Brian Wansink [2006]

《생각에 관한 생각》(*Thinking, Fast and Slow*) by Daniel Kahneman [2011]

《행동경제학 교과서》(*Why Smart People Make Big Money Mistakes and How to Correct Them: Lessons From The New Science of Behavioural Economics*) by Gary Belsky and Thomas Gilovich [1999]

## 정리

'Should Behavioural Economics in marketing be regulated – or hyped-down?', by Lazar Dzamic, www.bobcm.net/2017/01/21/shouldbehavioural-economics-in-marketing-be-regulated-or-hyped-down

*Inside the Nudge Unit: How Small Changes Can Make a Big Difference* by David Halpern [2015],

'The Dishonesty of Honest People: A Theory of Self-Concept Maintenance', by Nina Mazar, On Amir, Dan Ariely [*Journal of Marketing Research*, Vol. 45, No. 6, pp.633-644, 2008]. SSRN ID: 979648

## 나가는 글

'Debunking the myth of Kitty Genovese', *New York Post*, 16 February 2014

25 behavioural biases that influence what we buy